# SÍ
## TÚ PUEDES

Cristina Soria

# SÍ
## TÚ PUEDES

*Una guía práctica para conseguir tus objetivos*

El papel utilizado para la impresión de este libro es cien por cien libre de cloro y está calificado como papel ecológico



Diseño de interior: María Jesús Gutiérrez
Imágenes: Shutterstock


Ediciones Temas de Hoy, sello editorial de Editorial Planeta, S. A.
Avda. Diagonal, 662-664, 08034 Barcelona
www.temasdehoy.es
www.planetadelibros.com

Primera edición: febrero de 2015
Segunda edición: febrero de 2015

ISBN: 978-84-9998-464-3
Depósito legal: B. 998-2015
Preimpresión: Safekat, S. L.
Impresión: Artes Gráficas Huertas, S. A.
Impreso en España-Printed in Spain

A mi familia, porque con ellos
la vida es un continuo y divertido reto.
A mis lectores y a cada una de las personas que se acercan a
mí para comenzar a cambiar algo en sus vidas.
Con cada uno de ellos yo también supero mis propios retos.

# ÍNDICE

# PRÓLOGO

***Estarás de acuerdo conmigo en que la vida es un increíble reto, aunque en la mayoría de las ocasiones no nos demos cuenta de ello.***

De alguna manera parece que, desde que nacemos, estamos programados para seguir adelante y rara vez nos detenemos a valorar lo que hemos conseguido. Tan solo lo hacemos si el logro ha sido el resultado de un gran esfuerzo y viene de la mano de un reconocimiento público, de un ascenso laboral, de un premio, etc. Por lo general, nuestros ojos están puestos en cómo nos ven los demás y nos olvidamos de lo más importante, que es valorar nuestros propios logros.

Nuestra historia no es una línea recta. En realidad, se parece más a una cordillera con cimas, laderas, valles y depresiones. Cuando nos encontramos sumergidos en un pozo o llevamos demasiado tiempo caminando por un valle, ha llegado el momento de comenzar a escalar. Y es que una parte de nosotros mismos nos empuja a realizar un cambio trascendental; es decir, a superar un reto.

Cuando comencé a escribir este libro, busqué la palabra «reto» en el *Diccionario* de la Real Academia Española, y entre sus varias acepciones encontré la siguiente: «Objetivo o empeño difícil de llevar a cabo y que constituye por ello un estímulo y un desafío para quien lo afronta». Pues bien, partiendo de esta definición, me detengo un instante en dos cuestiones que me llamaron la atención. Por un lado, en la definición se hace referencia a aquella persona que cuenta con el impulso y la motivación necesarios para alcanzar sus retos y saborear sus victorias, y por otro lado también se apela a lo que es difícil, es decir, a aquello que en un momento dado puede producirnos miedo, inseguridad e incluso dolor.

Me viene a la memoria una frase de Walt Disney que dice:

***«Si puedes soñarlo, puedes lograrlo». Porque lo importante a la hora de afrontar un reto es la actitud con la que se llega a él.***

Un paso importante es responder a la pregunta ¿para qué? Es decir, qué es lo que persigo y qué beneficios me traerá el hecho de conseguirlo. Parece sencillo, pero muchas veces para distinguir y valorar los propios objetivos es necesario realizar un ejercicio de planificación que invite a ponernos manos a la obra y pasar a la acción.

En cualquier caso, en los tres últimos años una gran parte de mi actividad profesional ha estado ligada a esta palabra:

- El reto de comunicar y hacer llegar mis conocimientos al gran público a través de un programa de televisión.
- El reto de acompañar y ayudar a distintos personajes públicos a conseguir sus propios retos.
- El reto de escribir mi primer libro, *Yo puedo ayudarte.*
- El reto de escribir mi segundo libro, que es el que ahora mismo tienes entre tus manos.

El denominador común de todos estos retos es que parten de un cóctel de emociones. En la mayoría de las personas hay una parte racional que, al menos en mi caso, me ha ayudado y me ayuda a planificar detalladamente los pasos que debo seguir para conseguir mis objetivos. Pero también está la parte emocional, en la que aparece la felicidad que me produce disfrutar con lo que hago y saber que mi trabajo ayuda a otras personas. Pero también está el miedo y, lógicamente, el enfado y la decepción cuando las cosas no salen como me gustaría. Aunque, eso sí, el elemento fundamental es siempre la ilusión, que, como verás, tiene un gran protagonismo cuando se trata de emprender un proyecto.

Este libro nace con un objetivo: ofrecerte una guía práctica dirigida a señalarte los pasos que debes dar para alcanzar tus propios retos. Lo he dividido en dos partes; la primera se centra en el carácter, en cómo trabajar y gestionar los enfados y las frustraciones, cómo superar el miedo y la timidez, cómo apartar la negatividad y la apatía que tanto daño hacen... En la segunda parte hablaremos de la superación personal y de la mejor manera de salir de las situaciones complicadas, una superación que pasa, entre otras cosas, por la aceptación de uno mismo, por desprenderse de lastres que nos impiden avanzar y por vivir el momento actual sin sentirse ahogado por las deudas del pasado y el miedo al futuro.

SÍ, TÚ PUEDES *es un libro-cuaderno que, además de ofrecerte información, te permitirá hallar un espacio para mirarte a ti mismo. Anotar las conclusiones y valorarlas es fundamental para un correcto aprendizaje, por lo que me parece de suma importancia ofrecer un lugar en el que tú seas el verdadero protagonista. Alcanzar tus retos depende de tu compromiso y de tus resistencias, y en este sentido me atrevo a darte un consejo: dedica una semana a cada ejercicio que aquí te propongo. Ese tiempo te servirá para asimilar lo logrado y para descubrir lo que te queda por conseguir.*

Antes de entrar en materia, te propongo que contestes a las siguientes preguntas: ¿qué ingredientes componen tu particular cóctel de emociones? ¿Cuál de ellos destaca sobre los demás? ¿Desearías cambiarlo por otro? A partir de aquí comenzaremos a trabajar, y te aseguro que el camino que vas a recorrer te resultará apasionante.

Quiero terminar este prólogo con un cuento muy breve que leí hace tiempo en un libro de Leonardo Wolk titulado *Coaching. El arte de soplar brasas* (Gran Aldea Editores, 2003):

*En un monasterio había un discípulo al que le gustaba desafiar a su maestro. Cierta vez, ocultando a sus espaldas a un pájaro que sostenía en las manos, el discípulo se paró desafiante ante el maestro y le preguntó: «Maestro, aquí, detrás de mí, tengo un pájaro. Dígame usted, que lo sabe todo, si está vivo o está muerto». (Si decía que el pájaro estaba vivo, lo ahogaría, y si decía que estaba muerto, abriría sus manos y lo dejaría volar). El maestro lo miró a los ojos con respeto y compasión, respiró profundamente y con mucho amor le respondió: «Todo depende de ti. La solución está en tus manos».*

Así que, recuerda:

*¡Conseguir tus retos*

**DEPENDE DE TI!**

# Primera parte

# RETOS *de tu* carácter

Se ha escrito mucho sobre la mente y las emociones de las personas. La filosofía, la psicología, la psiquiatría y la sociología se han dedicado a este asunto en profundidad; entonces, ¿cómo es posible que el nivel de analfabetismo emocional siga siendo tan alto? Tenemos acceso a numerosos libros de autoayuda y disponemos de información inmediata sobre la gestión de nuestras emociones al alcance de nuestra mano. Sin embargo, si tuviéramos que evaluarnos, mucho me temo que el número de suspensos sería bastante elevado.

En mi opinión, la formación de los más jóvenes en las materias de la vida (emociones y relaciones, y no solo en conocimiento puro) es crucial si verdaderamente queremos avanzar.

***Vivimos en un mundo frenético que apenas nos invita a pararnos a pensar y a preguntarnos cómo somos, cuáles son nuestras aptitudes y valores, de qué manera nos enfrentamos a la vida, qué nos crea malestar y qué nos aporta felicidad.***

No hay duda de que nadie es perfecto. Yo dejé de intentar serlo cuando me di cuenta de que nunca lo lograría. Ni siquiera sé dónde se encuentra la perfección, pues podría ser una cuestión de puntos de vista. Lo que yo creía que era un 10 no lo era para los demás, por lo que me encontraba dando tumbos entre ellos y yo, y lo único que recogía era frustración.

En el discurrir por la cordillera de la vida, siempre llega un momento en el que algo hace «click». Es el momento del cambio, y no solo porque tú mismo lo desees, sino porque sabes que ese cambio ayudará a mejorar tu relación con los demás. Un día decides que hay que dejar de ser el gruñón del grupo, de superar tu timidez y de desprenderte de esa visión negativa de la vida que hace que los demás no deseen estar a tu lado.

A continuación te presento el primer reto

*con los pasos que tendrás que dar para*

## DEJAR ATRÁS LO QUE NO TE GUSTA DE TI

# RETO 1
# *Gestiona* tu enfado

***El enfado es una de las emociones más poderosas y seductoras que existen. Tiene un gran impacto en nosotros y en las personas que nos rodean. Se activa cuando sentimos que algo o alguien atenta contra nosotros o nuestros seres queridos.***

Por supuesto, sé que hay factores externos que provocan el enfado, como el cansancio, el estrés, la enfermedad o incluso tomar ciertas sustancias. Pero de lo que no hay duda es de que debemos aprender a gestionar el enfado, ya que, aunque a veces ayuda a sobrevivir, también puede ser enormemente destructivo.

Esta emoción puede ayudarnos a poner límites, y también para conseguir un fin que nos propongamos de forma consciente o inconsciente. Por ejemplo, yo me enfado cuando voy a comprar fruta y me dan varias piezas pasadas, o me enfado cuando mi pareja me dice que sus amigos vendrán a casa a ver un partido de fútbol, pues me molesta no ser dueña del mando a distancia y tener que «ceder» mi poder. Está claro que todos nos enfadamos, y cuando lo hacemos no somos ningún bicho raro. Ahora bien,

*¿te parece que el enfado pasa demasiado tiempo a tu lado? ¿Se ha convertido en tu estado natural y te molesta cualquier cosa que ocurra a tu alrededor?*

Quizá ha llegado el momento de mirarlo de frente

*para comprender esa emoción concreta*

**Y CORREGIR LO QUE NOS ESTÁ DAÑANDO**

Para ello es importante que sigas los siguientes pasos que ahora te enumero.

PASO 1

FECHA:

# IDENTIFICACIÓN

*¿Qué ha ocurrido para enfadarte?*

*¿Es algo puntual o se produce con frecuencia?*

*¿Cómo te ha hecho sentir?*

*¿De qué emoción se trata?*

*¿Hay algo que quieras cambiar en ti?*

TUS CONCLUSIONES

Si la respuesta a la última pregunta es afirmativa, te invito a que sigas leyendo. Ya sabes qué es lo que ha provocado tu enfado; a partir de ahora pregúntate cómo lo expresas, qué pretendes conseguir (consciente o inconscientemente) y qué es eso que quieres cambiar. Es importante aprender a no dejarse llevar por la tormenta y a expresar el malestar de forma asertiva. Pero para eso tienes que conocerlo un poco más:

PASO 2

FECHA:

# DALE FORMA

*¿Qué ha dañado en ti la situación que te enfada?*

*¿Cuándo te has dado cuenta de la emoción?*

*¿Para qué te has enfadado?*

*Evalúa del 0 al 10 la intensidad del enfado.*

*¿Lo has expresado?*

*¿Cómo?*

*¿Cuándo?*

*¿Para qué lo has expresado?*

*¿Cuál ha sido la repercusión de tu enfado en los demás?*

*¿Cuál ha sido la repercusión en ti?*

*¿Qué cambiarías la próxima vez?*

## TUS CONCLUSIONES

En efecto, le estás dando forma al enfado y estás viendo sus consecuencias. Todos tendemos a justificarnos y siempre encontramos una razón que explica nuestro malestar y por qué lo hacemos de una u otra forma. Dicho de otro modo, nos posicionamos como víctimas y no como responsables. El situarnos como víctimas nos lleva a la queja y a no hacer nada por cambiar la situación. De hecho, pensamos que el problema está en los demás. Sin embargo, ¿qué ocurriría si te posicionaras como responsable? De pronto te darás cuenta de que hay algo que sí puedes cambiar y que está a tu alcance...

Otra cosa es cuando somos espectadores de la ira de los demás. En esos casos podemos llegar a sentir cierto pudor, puesto que nos vemos reflejados en el estallido de algún otro, lo que incluso puede llevarnos hasta el terreno de la vergüenza. A continuación te propongo que te conviertas en observador del enfado de los demás.

PASO 3

FECHA:

# ESPEJO

*¿Qué le ha enfadado?*

*¿Cómo lo ha expresado?*

*¿Cómo lo ves desde fuera?*

*Si esa persona fueras tú, ¿cómo te definirías?*

*¿Qué cambiarías?*

TUS CONCLUSIONES

La cosa cambia, ¿verdad? Con más o menos intensidad, con mayor o menor justificación, a ti te ven como ves ahora mismo a tu vecino enfadarse, o a tu padre gritar, o a tu jefe reprender a un proveedor. La diferencia es el grado de implicación.

Ha llegado el momento de parar el enfado. Imagínate que es un coche que empieza a acelerar y que en pocos minutos alcanza los 200 kilómetros por hora. Lo más probable es que no puedas hacerte con él y que acabes estrellándote. Lo mismo ocurre con tu enfado. Antes de que te estrelles, levanta el pie del acelerador y pisa el freno.

PASO 4

FECHA:

# PÁRALO

*Identifica el enfado que quieras parar.*

*Cuenta hasta 10.*

*Dale un valor del 0 al 10 a la situación.*

*¿Es tan sumamente importante?*

*¿Cómo crees que sería mejor expresarlo?*

*¿Qué beneficios obtendrías si lo expresaras así?*

*Deja de hablar con los demás sobre lo que te enfadó.*

## TUS CONCLUSIONES

Se trata de PARAR, PENSAR y ACTUAR. Entiendo que llevas muchos años obrando de una determinada manera y que un cambio de conducta es un proceso lento que se va anclando poco a poco. Se trata de que seas tú quien vaya encontrando los beneficios de tu cambio de conducta.

PASO 5

FECHA:

## ANCLAJE

*Identifica el enfado que quieras detener.*

*Elige un gesto que te ayude a recordar lo que quieres detener (tocarte un anillo, la muñeca, un pellizco en el brazo…).*

*Escribe una frase que te recuerde lo que quieres hacer a partir de ahora con tu enfado.*

## TUS CONCLUSIONES

Utilizarás este anclaje cuando empieces a detectar las primeras señales del enfado: tu corazón comienza a acelerarse, tu temperatura corporal sube, la mandíbula se tensa, tu ceño se frunce, e incluso se te nubla la vista. Mediante el gesto que has elegido verás tu enfado desde fuera y aprenderás a gestionarlo y a expresarlo de la manera más beneficiosa para ti.

# Conclusiones

Recordando a Aristóteles, te diré que todos podemos enfadarnos y que lo difícil es hacerlo por el motivo adecuado, con la persona correcta y en el grado preciso. El enfado te aporta gran información sobre ti mismo. Hace poco hablaba con una persona cercana a mí que me decía que había una sola situación que disparaba su furia, y era cuando se mencionaba negativamente a sus hijos o a su mujer. En ese momento sentía una enorme fuerza que le llevaba a pelearse con cualquiera que les criticara o intentara hacerles daño. Esta ira le informa de dónde se encuentran sus límites. Pero sea como fuere, no podemos ir por la vida destruyendo lo que se pone en nuestro camino. Debemos aprender a gestionar el enfado y la ira. Son emociones naturales y no hay que avergonzarse, pero tenemos que controlarlas para no dañar ni a nuestro entorno ni a nosotros mismos.

## ¿Has superado el reto?

*Tacha el icono que corresponda*

# RETO 2
# Afronta tu miedo

***¿Te consideras una persona miedosa? ¿A qué le tienes miedo? ¿Ese miedo es real o te adelantas a los acontecimientos? ¿Aparece por algo puntual o se ha convertido en un compañero de viaje?***

Por propia experiencia puedo afirmar que el miedo es una de las emociones más habituales y complejas de los seres humanos. Sea cual fuere el objetivo que se persiga, tarde o temprano siempre aparece. A nadie le gusta sentir miedo, aunque hay personas que van en su busca de manera consciente o inconsciente porque necesitan esa inyección de adrenalina que les hace sentirse bien, activos e incluso con sensación de grandeza.

Sin embargo, por lo general, el miedo nos atrapa y nos impide avanzar. Si no somos capaces de afrontarlo, se convierte en una mala hierba que no para de crecer. No nos gusta verla, pero somos incapaces de arrancarla, de modo que cada vez es más grande y arrasa con todo lo bueno que hay a su alrededor. Es por eso por lo que tenemos una imagen tan negativa sobre el miedo.

*Imagínate que estás en el colegio y que el profesor te pide que describas tu miedo. Seguramente lo definirás como algo grande, pesado, de color oscuro, que se encuentra situado en tu pecho o en tu cabeza (casi nunca se describe como algo colorido y atractivo). Así que te sorprenderás si te digo que debes darle las gracias a tu miedo, pues lo necesitas para mantenerte vivo. De hecho, el miedo es una señal que nos indica que debemos pasar a la acción. En cierto modo es responsable de nuestra supervivencia, ya que nos ayuda a detectar y a escapar del peligro.*

Casi siempre se produce ante un hecho aislado, dura no demasiado tiempo y termina yéndose. Pero me temo que cada vez es más frecuente escuchar que se ha asentado en la vida de una persona y que condiciona casi todos sus movimientos cotidianos.

Desde un punto de vista fisiológico, el miedo hace que la sangre se retire de la cabeza y que fluya hacia las piernas, los brazos y las manos. La frecuencia cardíaca aumenta, al igual que las pulsaciones y la tensión sanguínea. Además, provoca que en el organismo se generen hormonas que predisponen a nuestro cuerpo para la acción. Son las catecolaminas, sustancias como la adrenalina, la noradrenalina y la dopamina, que funcionan como neurotransmisores y que aceleran el pulso cardíaco. De este modo nuestro cuerpo se prepara para el ataque o la huida.

*Aun así, la frase «a mí me paraliza el miedo» no es del todo desacertada, ya que la parálisis o la inmovilidad es otra de las respuestas habituales ante una situación de peligro.*

Hace unos años fui víctima de un tirón de bolso. Eran las cinco de la tarde en una zona residencial a las afueras de Madrid. Salía del metro y me dirigía hacia mi casa. Entonces vi pasar un coche con un grupo de chicos en su interior. En un primer momento aquello no me extrañó, pero mi cerebro me alertó al instante cuando los volví a ver unos minutos después. Pensé: «Vienen a por mí», aunque, como iba hablando por el móvil, me dije que no me harían nada. El coche se detuvo a mi lado y salió un chico que se colocó a mi espalda. Mi corazón comenzó a latir a toda velocidad. Entonces sentí el tirón y al momento me vi a mí misma con el móvil en una mano y tirando del bolso con la otra. Grité y forcejeé, pero él consiguió llevárselo. Lógicamente, sentí pánico y tuve un ataque de nervios.

No paraba de gritar y de llorar. Mi cuerpo estaba preparado para la lucha, aunque sabía que no tendría éxito. Mi enfado y mi ira eran enormes, y durante un tiempo me mantuve alerta cuando caminaba sola por la calle. Incluso me detenía y me daba la vuelta si notaba que alguien caminaba detrás de mí. Afortunadamente, el estado de alerta fue bajando de intensidad con el paso del tiempo. Pero era mi cerebro el que se había colocado en posición de máxima precaución, y cuando me encontraba en una situación que me recordaba aquella mala experiencia, me decía: «Cuidado. Estate preparada».

Como digo, por suerte lo superé y ya no condiciona mi vida, pero sé que a muchas personas el miedo las acompaña de la mañana a la noche, con lo que su cerebro está en alerta constante y viven en un continuo estrés.

*Me gusta definir el cerebro como un gran ordenador central. Como señala el neurocientífico norteamericano Paul D. McLean, está formado a su vez por tres cerebros que han ido añadiéndose sucesivamente (reptiliano, límbico y neocórtex) y por dos hemisferios (derecho e izquierdo).*

- El cerebro reptiliano sirve para la supervivencia física y el mantenimiento del cuerpo.
- El cerebro límbico alberga los centros primarios de la emoción. Aquí se encuentra la amígdala, cuyo papel es clave en la asociación de los acontecimientos con las

emociones. Entra en juego cuando se activan situaciones que despiertan sentimientos de miedo, piedad, ira o indignación.

- Y el neocórtex, también llamado corteza cerebral, que constituye las cinco sextas partes del cerebro humano. Este fabrica el lenguaje, hace posible el pensamiento lógico y formal y nos permite hacer planes de futuro.

☆ ☆ ☆

Ante ciertas situaciones, la amígdala, que es como una caja fuerte en la que se guardan las emociones que produjeron un fuerte impacto, puede reaccionar y provocar un arrebato de miedo antes de que el córtex sepa lo que está ocurriendo, ya que la emoción se pone en marcha antes que el pensamiento. Así, cuando se activa la alarma del miedo, la amígdala envía mensajes urgentes a cada uno de los centros fundamentales del cerebro, dispara la secreción de hormonas corporales que predisponen a la lucha o a la huida y se estimula el sistema cardiovascular, los músculos y las vísceras. Se segregan grandes dosis de adrenalina, lo que aumenta la reactividad de ciertas regiones del cerebro, entre las que destacan aquellas que estimulan los sentidos y ponen al cerebro en situación de alerta.

La amígdala quiere cuidarnos y nos avisa de las situaciones de peligro. Lo que tenemos registrado como recuerdo es una representación de una experiencia pasada teñida del color de la emoción del momento del registro. De modo que, ante una situación que nos produjo miedo, recordaremos una representación de lo que ocurrió. Si volvemos a sentir lo mismo, traeremos el recuerdo de aquella situación, y viceversa.

Después de este recorrido general sobre lo que ocurre en tu ordenador central

*ante una situación que te produce miedo,*

**TE PROPONGO QUE LO MIRES DE FRENTE Y QUE DECIDAS QUÉ QUIERES HACER CON ÉL**

Lo primero que te voy a pedir es que lo detectes.

PASO 1

FECHA:

# DETÉCTALO

*¿A qué tienes miedo?*

*¿Es una situación real o imaginaria?*

*¿Tiene que ver con un hecho concreto o con una situación futura o imaginaria?*

*Si es un hecho concreto, ¿cuándo ocurrió?*

*En caso contrario, ¿desde cuándo lo sientes?*

*¿Permanece en el tiempo?*

*¿Está en tus manos hacerle frente?*

*¿Para qué quieres superarlo?*

## TUS CONCLUSIONES

Este primer ejercicio sirve para averiguar el origen de tu miedo, que puede ser de lo más diverso: miedo a volar, a la oscuridad, a coger el coche, a quedarte solo en casa, a ir en metro, a que le ocurra algo malo a un ser querido, miedo al futuro, a cambiar de trabajo, a tomar una decisión... En la segunda parte del libro te pediré que retomes este capítulo, ya que en muchos de los retos que te propondré superar aparecerá esta emoción. Ahora me centraré en cuestiones concretas que no requieren una terapia (son muchos los miedos que sí la requieren). Me refiero a los miedos «creados» y fomentados por ti mismo y que condicionan tu día a día.

PASO 2

FECHA:

# MÍRALO

*¿Qué forma tiene?*

*¿De qué material está hecho?*

*¿En qué parte del cuerpo lo sientes?*

*¿Qué sientes cuando aparece?*

*¿Qué dice tu cabeza?*

*¿En qué te condiciona?*

*Si pudieras hablar con él, ¿qué le dirías?*

TUS CONCLUSIONES

Ahora estás dando forma a tu miedo y definiendo lo que te produce racional y emocionalmente. Como dije antes, el origen del miedo puede estar relacionado con una situación concreta o ser algo que pueda ocurrir dentro de un tiempo. En cualquier caso, el miedo está ahí… Pero ¿dónde?

PASO 3

FECHA:

# SITÚALO

*¿Dónde está tu miedo?*

*¿Dónde estás tú?*

*¿Dónde te gustaría que estuviera?*

*¿Qué pasaría entonces?*

*¿Cómo te haría sentir?*

*¿Qué puedes hacer para colocarlo en ese lugar?*

Te pido que hagas dos dibujos. En el primero, dibuja tu miedo, dibújate a ti mismo y a otros elementos importantes (un hijo, tu trabajo, el amor, un coche, la oscuridad, un ascensor, el avión, el dinero, etc.). Sitúa cada elemento en el dibujo tal y como lo ves. En el segundo dibujo deberás cambiar de lugar todos los elementos y situarlos donde te gustaría que estuvieran. Coloca un dibujo al lado del otro, obsérvalos detenidamente y pregúntate qué sensación te transmiten uno y otro.

## DIBUJO DEL MIEDO ACTUAL

## DIBUJO DEL MIEDO FUTURO

## TUS CONCLUSIONES

Cuando vivimos una situación angustiante, es frecuente soñar con lo que seríamos capaces de hacer si dicha situación desapareciera. Ya sé que estás despierto, pero ahora te voy a pedir que sueñes. Es decir, imagínate libre, sin que nada ni nadie te condicionen. Visualízate y piensa en cada una de las cosas que verías y en las que harías. Si te has sentido así en algún momento de tu vida, busca una foto de entonces y recuerda quién y cómo eras.

PASO 4

FECHA:

# SUEÑA

*¿Qué serías capaz de hacer sin tu miedo? Describe la situación o coloca una foto que se asemeje a la situación con la que sueñas.*

*Y si ya superaste un miedo —es decir, lo sentiste y lo dejaste atrás—, intenta recordar cuáles fueron tus sensaciones.*

- *¿Qué edad tenías entonces?*

- *¿Qué situación se produjo?*

## TUS CONCLUSIONES

PASO 5

FECHA:

# IDENTIFICA MIEDOS SUPERADOS

*¿Cómo lo superaste?*

*¿Cómo te hace sentir?*

*En la línea de la página siguiente, que va desde los 0 años hasta la actualidad, marca los momentos importantes que seas capaz de recordar. Seguro que salen más de los que te imaginas. Pide ayuda a tus seres queridos. Posiblemente te sorprendas de la cantidad de veces que has superado tus miedos. Ahora identifica las armas que te lo permitieron.*

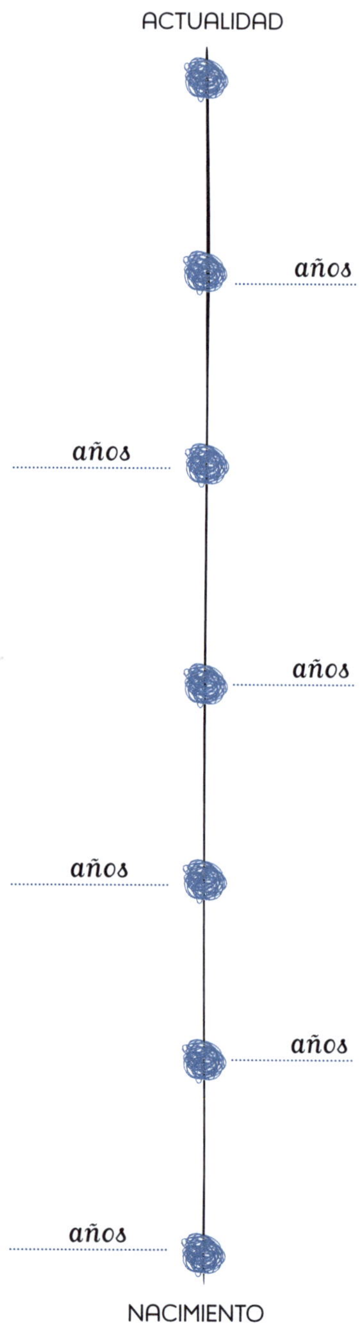
ACTUALIDAD
años
años
años
años
años
años
NACIMIENTO

PASO 6

FECHA:

# IDENTIFICA TUS FORTALEZAS

## PARA SUPERAR TU MIEDO

*¿Qué cualidades tienes para superar tus miedos?*

| MIS FORTALEZAS SON | MIS FORTALEZAS QUE ME AYUDARÁN A SUPERAR MI MIEDO |
| --- | --- |
| | |
| | |
| | |
| | |
| | |
| | |
| | |

## TUS CONCLUSIONES

PASO 7 FECHA:

# FRASE DE AFIRMACIÓN

*Una vez identificadas tus fortalezas, selecciona las que crees que son más válidas para este momento concreto. Debes escribir una frase que te refuerce y motive en la consecución de tu objetivo.*

*La frase debe tener los siguientes elementos:*

YO (PON TU NOMBRE) ..............................

SOY (UNA MUJER / UN HOMBRE) ..............................

Y (ESCRIBE DOS FORTALEZAS) ..............................

QUE VA A SUPERAR SU MIEDO A (ESCRÍBELO) ..............................

..............................

Repite esta frase todos los días 25 veces seguidas durante 33 días. Es aconsejable que lo hagas nada más empezar el día y mientras te miras en el espejo. También puedes colocarla en diversos lugares de tu vida cotidiana (delante del ordenador, en la cocina, cuando te sientas a descansar, enfrente de tu cama...). Y ahora, ¡elabora un plan de acción!

*Pon una señal en cada día que vas repitiendo tu frase.*

| | | | | |
|---|---|---|---|---|
| DÍA 1 | DÍA 2 | DÍA 3 | DÍA 4 | DÍA 5 |
| DÍA 6 | DÍA 7 | DÍA 8 | DÍA 9 | DÍA 10 |
| DÍA 11 | DÍA 12 | DÍA 13 | DÍA 14 | DÍA 15 |
| DÍA 16 | DÍA 17 | DÍA 18 | DÍA 19 | DÍA 20 |
| DÍA 21 | DÍA 22 | DÍA 23 | DÍA 24 | DÍA 25 |
| DÍA 26 | DÍA 27 | DÍA 28 | DÍA 29 | DÍA 30 |
| DÍA 31 | DÍA 32 | DÍA 33 | | |

## TUS CONCLUSIONES

PASO 8

FECHA:

# ESTABLECE TU PLAN DE ACCIÓN

*Ponte cada día una pequeña tarea que esté dirigida a superar tu miedo. Empieza por lo más fácil. A medida que vayas alcanzando pequeños logros, tu seguridad se irá reforzando.*

| DÍA | ACCIÓN QUE TE PROPONES HACER |
| --- | --- |
| | |
| | |
| | |
| | |
| | |
| | |
| | |
| | |
| | |
| | |
| | |

TUS CONCLUSIONES

## Conclusiones

El miedo es contradictorio. Por una parte, nos ayuda a sobrevivir, pero también puede paralizarnos, enjaularnos e incluso enterrarnos en vida. Sea como fuere, siempre está ahí, y se trata de aprender a sacar lo mejor de él, a distinguir qué información te ayuda y cuál te limita. Piensa en el ser inmensamente grande que eres y en todo lo que has sido capaz de conseguir y afrontar. Esto te ayudará a darle al miedo el lugar, el tamaño y el valor adecuados para poder seguir avanzando.

Y recuerda esta frase de Horacio: «Quien vive temeroso nunca será libre». Ha llegado el momento de ir en busca de tu libertad.

## ¿Has superado el reto?

*Tacha el icono que corresponda*

# RETO 3

# *Supera* tu timidez

***Lo que más enfada a una persona tímida es su propia timidez. Esta comienza desde la infancia y suele convivir con nosotros a lo largo de los años. Pero ¡cuidado! Puede conducir al aislamiento social.***

Hace unos meses trabajé con una persona que deseaba aprender a gestionar y a corregir, en la medida de lo posible, su timidez. Por un lado, se encontraba su miedo al ridículo, a que la criticaran y se burlaran de ella, y por otro lado, se mostraba muy enfadada consigo misma porque sabía que su timidez la estaba alejando de oportunidades maravillosas que no volverían a aparecer.

Las personas tímidas son retraídas, les cuesta comunicarse con los demás porque tienen miedo de sentirse rechazadas. Por eso solo se relacionan con un pequeño círculo, y siempre de su confianza. Seguro que si eres tímido habrás notado que el corazón comienza a latirte a gran velocidad cuando te encuentras en un entorno social nuevo; las manos te sudan y todo tu cuerpo se tensa, e incluso el tono de tu voz se vuelve más bajo de lo normal y te sientes incapaz de mirar a los ojos a la persona que tienes enfrente. Pero esto es solo la punta del iceberg; y en la base se encuentra una baja autoestima, desconfianza y un enorme miedo a recibir un juicio negativo.

Te pido que te preguntes si te sientes identificado con los siguientes pensamientos:

- ✔ *«Me siento intranquilo en situaciones sociales no habituales».*
- ✔ *«Procuro evitar situaciones que me obligan a mostrarme ante los demás».*
- ✔ *«No me dirijo a personas que no conozco».*
- ✔ *«Me cuesta relacionarme con personas del otro sexo».*
- ✔ *«Me produce temor que me presenten a personas que no conozco».*

El miedo es el común denominador de todas estas ideas, por lo que es ahí donde hay que empezar a trabajar. Vuelve al segundo reto y revisa los primeros cuatro pasos que te proponía para superar el miedo («detéctalo», «míralo», «sitúalo» y «sueña»).

*El otro elemento fundamental que se encuentra en el origen y en la base de tu timidez es la autoestima.*

Si tuvieras que puntuarla del 0 al 10, ¿qué valor le darías a tu actual autoestima? ¿Cuál te gustaría que fuera? Tu autoestima es tu manera de amarte y se relaciona directamente con el juicio que haces sobre ti mismo, tanto ahora como en el futuro. Tu autoestima, por tanto, es el modo en que te valoras y te aceptas.

Es en esa aceptación donde se encuentran tus fortalezas y tus debilidades,

*pero serán tus fortalezas*

LAS QUE TE SERVIRÁN DE APOYO Y DE MOTIVO DE IMPULSO

PASO 1 FECHA:

# OBSÉRVATE

*Sitúate delante de un espejo y obsérvate con detenimiento. Describe a la persona que ves: origen, aspectos físicos y emocionales, qué necesidades, deseos, sueños y capacidades tiene...*

## TUS CONCLUSIONES

PASO 2

FECHA:

# DETECTA TUS FORTALEZAS

*Todos tenemos un tesoro lleno de monedas en nuestro interior. Es el «cofre de tus fortalezas». A veces somos conscientes de que existe, pero otras no le damos ningún valor. Sin embargo, es en él donde encontrarás el motor y el impulso para superar tu timidez.*

*Te pido que enumeres tus fortalezas (físicas, emocionales, intelectuales, etc.) y que averigües cuáles son las que más te pueden ayudar a superar tu timidez. Si te parece que no hay ninguna válida, vuelve a observarte en el espejo y mírate directamente a los ojos. Una vez hecho esto, puedes preguntar a quienes te rodean qué fortalezas destacarían de ti.*

FORTALEZAS FÍSICAS

FORTALEZAS EMOCIONALES

FORTALEZAS INTELECTUALES

FORTALEZAS DE PERSONALIDAD

## TUS CONCLUSIONES

Desde que somos pequeños, por distintos motivos nos van colocando etiquetas que influyen en gran medida en nuestro carácter futuro. Algunas de esas etiquetas pueden ser enormemente motivadoras, como «fulanito es una persona *constante, trabajadora, alegre, fuerte*». Pero otras tienen el efecto contrario, como «fulanito es una persona *tímida*». Y puede que este sea tu caso. Sea cual fuere el origen de la etiqueta, la realidad es que la llevas pegada a todas partes y no te puedes desprender de ella. De hecho, ¿podría ser que te la hubieran colocado los demás y tú actúas conforme a ella? Si desde pequeño te han machacado con la idea limitante de que eres una persona tímida, difícilmente dejarás de serlo.

La etiqueta «soy una persona tímida» lleva consigo un buen número de creencias que se han ido desarrollando a lo largo de los años: «No participaré en esta conversación porque seguro que voy a hacer el ridículo», «Ese me está mirando porque hay algo en mí que no le gusta», «Si no me demuestran claramente desde el principio que les caigo bien, ya no les caeré bien nunca»... Pensamientos como estos lo único que hacen es minar aún más tu autoestima y tu confianza. Ha llegado el momento de darles la vuelta.

PASO 3 FECHA:

# CREENCIAS

*Escribe las creencias que tienes sobre ti mismo y que se relacionan directa o indirectamente con tu timidez. Para ello recuerda qué es lo que sueles decirte cuando te encuentras en una situación en la que aflora el miedo al ridículo o al rechazo. Una vez detectadas las creencias negativas, pregúntate qué fortaleza (de las que enumeraste antes) puedes usar para transformarla en una creencia positiva.*

| CREENCIA NEGATIVA | FORTALEZA | CREENCIA POSITIVA |
|---|---|---|
| | | |
| | | |
| | | |
| | | |
| | | |
| | | |
| | | |

*Te aconsejo que consultes el reto número 10 (pág. 161), donde explico los pasos que se deben dar para acabar con las creencias negativas que tanto influyen en nuestra vida diaria.*

TUS CONCLUSIONES

Además de con las palabras, todos nos comunicamos mediante gestos. De hecho, en cada uno de nuestros mensajes, el 55 % es información gestual, el 33 % representa el tono de voz, y solo el 7 % son palabras. Lógicamente, las personas tímidas construyen una barrera corporal que las separa de los demás. Así, es habitual cruzar los brazos a la altura del pecho, o, si se está sentado, cruzar la pierna que está más cercana al interlocutor o no mirar directamente a los ojos... Son posturas «de cierre», de autoprotección, que impiden que el mensaje llegue abiertamente y que hacen que los demás piensen que uno no está dispuesto a mantener una conversación.

A medida que vas trabajando tu autoestima y conviertes tus creencias negativas en motivadoras, te será más fácil relacionarte con los demás. Así que te pido que te fijes en tu cuerpo.

PASO 4 FECHA:

# FÍJATE EN TU CUERPO

*Necesitarás la ayuda de una persona que te describa ciertos detalles corporales que tú mismo no eres capaz de observar. Se trata de que describas cómo te comportas cuando te sientes relajado y cómo actúas corporalmente en una situación que hace que aflore tu timidez.*

| | Ahora | Cambios |
|---|---|---|
| Ojos-mirada | | |
| Boca | | |
| Brazos | | |

| | Ahora | Cambios |
|---|---|---|
| Manos | | |
| Piernas y pies | | |
| Postura del cuerpo | | |

## TUS CONCLUSIONES

Poco a poco deberás ir transformando estos gestos en otros «de apertura», como mirar a los ojos directamente, mostrar tus manos y tus antebrazos, dejar los pies fijos en el suelo sin tambalearte de un lado para otro, no dar la espalda a las personas que se encuentran contigo. Apunta cada cambio que vayas realizando. Propóntelo como una tarea que debes cumplir. Verás cómo estos cambios se van convirtiendo en parte de tu forma natural de estar, y te sentirás mucho más relajado y seguro de ti mismo.

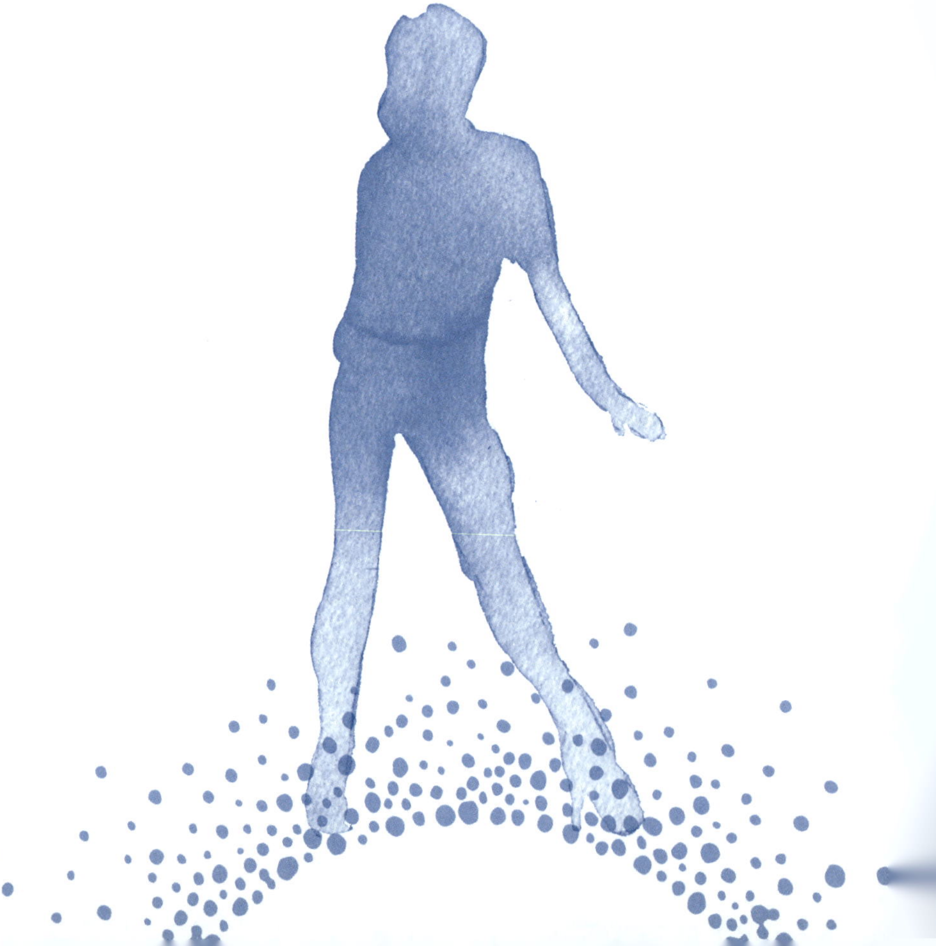

## Conclusiones

«Lo imposible es el fantasma de los tímidos y el refugio de los cobardes», dijo Napoleón Bonaparte. Es una frase que siempre me ha gustado porque creo que encierra una gran verdad. Lo que somos es fruto de experiencias, de cultura, de educación, pero siempre estamos a tiempo de modificar lo que nos paraliza con el propósito de ser más felices. No te quepa la menor duda de que puedes vencer tu timidez y comenzar a relacionarte con los demás de una manera sana y natural. Eres una persona maravillosa que debe comenzar a aceptarse y quererse; cuando lo hagas, los demás también te verán así. Ha llegado el momento de quitarte esos trajes y etiquetas que tanto te limitan. Y el día que lo hagas, «lo imposible» será solo para los cobardes, no para ti.

### ¿Has superado el reto?

*Tacha el icono que corresponda*

# RETO 4

# *Deja atrás* tu negatividad

***La negatividad es la cualidad del negativo, del pesimista que siempre ve el vaso medio vacío. Es una actitud, una forma de estar en el mundo y de entenderlo. Si permitimos que la negatividad avance, sus efectos pueden ser desastrosos para nuestra vida.***

Hace poco más de un año trabajé con una persona que lo primero que me dijo sobre sí misma fue: «Soy un cenizo». Ante mi cara de extrañeza, añadió: «Sí, y no solo yo, toda mi familia también lo es. Siempre nos salen mal las cosas». Por suerte, soy bastante tozuda y nunca tiro la toalla, porque cualquiera habría tenido ganas de despedirse de él ante semejante descripción. Por supuesto, si lo hubiera hecho, su negatividad se habría confirmado al momento, y por eso preferí mantener la calma y comenzar a trabajar en su falta de confianza. La negatividad es la cualidad del negativo, del pesimista que no solo ve el vaso medio lleno, sino que incluso llega a verlo vacío. Es una actitud y una forma de ver lo que nos rodea, y si la dejamos avanzar afecta a nuestra conducta y a nuestra vida.

*Un grupo de discípulos le preguntó una vez a su maestro zen: «¿De dónde viene el lado negativo de nuestra mente?». El maestro se retiró un momento y enseguida regresó con un lienzo en blanco gigante. En medio del lienzo había un pequeño punto negro. «¿Qué ven en este lienzo?», preguntó el maestro. Los discípulos respondieron que un pequeño punto negro. Y el maestro añadió: «Ese es el origen de la mente negativa. Ninguno de ustedes ve la enorme extensión blanca que lo rodea».*

Para averiguar de dónde surge nuestra negatividad debemos tener en cuenta el lugar en el que hemos nacido y crecido, las experiencias que hemos vivido y los mensajes que hemos recibido desde pequeños. Si desde niños no paran de decirnos frases como «no puedes fiarte de nadie», «las cosas nunca salen bien», «todas las desgracias ocurren en nuestra familia», etc., difícilmente creceremos con la idea de que la vida es una fuente maravillosa de experiencias, que todos tenemos las mismas oportunidades y que es posible realizar los propios sueños.

Cuando nos ocurre una desgracia o las cosas no salen como habríamos deseado, comienza a desarrollarse un diálogo interno que con mucha frecuencia se inclina por insistir en los pensamientos negativos, e incluso por asentarse en ellos, con lo que el avance es prácticamente imposible.

*Una persona negativa se mostrará gestual y corporalmente como una persona triste o enfadada; es decir, cerrada ante cualquier mensaje optimista.*

La negatividad es como una droga que te atrapa y que te conduce hacia una gran soledad, ya que las personas que te rodean acaban alejándose. Las quejas y los llantos continuos hacen que los demás deseen marcharse, porque sienten que su energía es absorbida por una especie de «vampiro energético».

Una amiga me contaba hace poco que tenía una compañera de trabajo que todos los días llegaba a la oficina contando desgracias. Era soltera y no tenía cargas familiares de ningún tipo, pero prefería ver su situación como un mar de sucesos negativos. Decía que su vida era un asco, que daba igual la hora a la que llegara a casa porque nadie la esperaba, que en vacaciones se aburría porque lo único que hacía era ir a visitar a sus padres al pueblo... Mi amiga, que entonces atravesaba un momento complicado, estaba cada vez más molesta y desanimada, por lo que decidió no tolerarlo ni un día más. En su mesa de trabajo puso un letrero que decía: «AQUÍ SOLO SE CUENTAN BUENAS NOTICIAS». De modo que cuando su compañera iba a «llorarle», ella le señalaba el cartel. Fue así como consiguió alejar a este «vampiro energético» que la estaba consumiendo.

**ES CIERTO QUE NO TODOS TENEMOS LA MISMA CAPACIDAD DE SUPERACIÓN.** Hay personas que, por muchas veces que se caigan, siempre se levantan, y además lo harán sonriendo. Ni mucho menos esto significa que no sufran y que no sientan dolor ante las desgracias propias o ajenas, sino que han decidido sonreír y ver el vaso medio lleno para seguir avanzando.

A esta capacidad de superación la llamamos *resiliencia,* palabra que tiene su origen en la física (capacidad que tiene un objeto físico de volver a su estado anterior después de haber recibido una presión determinada y cuando esta ya ha cesado). Repito que hay personas que parecen haber nacido con una resilencia más acusada que otras, pero, sea como fuere, se trata de una capacidad que se puede trabajar. Como señala el doctor Luis Rojas Marcos, los pilares básicos son la conexión con los demás, el control de la propia vida, la autoestima, el pensamiento positivo, tomar decisiones y el sentido del humor. Es decir, lo contrario de la negatividad.

Así pues, ha llegado el momento de trabajar tu actitud, y te pido que comiences preguntándote por cuál te gustaría cambiarla.

Por supuesto, un primer paso es averiguar de dónde nace tu negatividad, si es producto de un hecho concreto (enfermedad, fallecimiento, mala situación económica, etc.), o si te acompaña siempre, pase lo que pase. Si se trata de lo primero, habrá que centrarse en el hecho concreto que ha provocado esa visión negativa; si se trata de una actitud ante la vida, los pasos que deberás realizar abarcarán muchas situaciones y

*tendrás que corregir un buen número de conductas puntuales*

QUE HAN ACABADO POR MINAR TU ÁNIMO

PASO 1

FECHA:

# IDENTIFICAR

*¿Cuál es el origen de tu negatividad? ¿Es producto de un hecho puntual? Si es así, explica en qué consiste.*

*¿Se trata de una situación en la que estás directamente involucrado?*

*¿Está en tus manos cambiar la situación?*

*¿En qué posición te sitúas ante esa circunstancia?*
*¿Eres víctima o protagonista?*

TUS CONCLUSIONES

*La negatividad llega a dominarnos y a controlarnos de tal manera que nos resulta difícil, si no imposible, imaginarnos sin ella. Terminas convirtiéndote en un mero espectador de la vida, sin ningún poder de cambio y sin apenas voluntad.*

Es como si a un lado de nuestras cabezas viviera un demonio que lanza mensajes contra nuestra autoestima, contra nuestra capacidad de superación, contra nuestra confianza, mientras que en el otro lado se encuentra, escondido y amordazado, un angelito que intenta expresarse, pero su voz carece de fuerza y apenas lo oímos. Solo tú puedes decidir a quién de los dos vas a escuchar. Pero ¡cuidado!, porque cuanto más espacio le des al demonio, menos escucharás al angelito. Así que, siguiendo los consejos del gran neurocientífico Antonio Damasio, pasemos a combatir duramente a ese demonio que parece que nunca calla.

PASO 2

FECHA:

# COMBATIR
## LOS PENSAMIENTOS NEGATIVOS

*Cuando detectes un pensamiento negativo, debes detenerte a pensar y, seguidamente, pasar a la acción. Así pues, te pido que escribas diez pensamientos positivos por cada uno negativo que se cruce por tu mente. El ejercicio funcionará aún mejor si los positivos tienen el poder de invalidar el negativo, pero, en cualquier caso, el listado te servirá para pensar en diez situaciones alegres o positivas que estén a tu alcance, con lo que tu mente se centrará en ellas.*

| Pensamiento negativo | Pensamientos positivos |
| --- | --- |
| 1 ______ | 1 ______ |
| | 2 ______ |
| | 3 ______ |
| | 4 ______ |
| | 5 ______ |
| | 6 ______ |
| | 7 ______ |
| | 8 ______ |
| | 9 ______ |
| | 10 ______ |

| Pensamiento negativo | Pensamientos positivos |
| --- | --- |
| 2 | 1 |
| | 2 |
| | 3 |
| | 4 |
| | 5 |
| | 6 |
| | 7 |
| | 8 |
| | 9 |
| | 10 |

## TUS CONCLUSIONES

Cuando los hayas escrito, tacha el pensamiento negativo y vuelve a leer los positivos (incluso escríbelos de nuevo). Estos serán las herramientas a las que puedes recurrir cuando entres en una espiral de negatividad.

Muchas veces nos cuesta reconocer que hay cosas maravillosas que ocurren a nuestro alrededor por las que tenemos que dar las gracias. Eso es lo que te pido en el siguiente paso, que pienses en todo aquello por lo que puedes estar agradecido.

PASO 3

FECHA:

# DIARIO DE GRATITUD

*Consigue un cuaderno que te sirva de diario para apuntar en él todo por lo que tienes que dar las gracias.*

| Lunes | Martes | Miércoles | Jueves | Viernes | Sábado | Domingo |
|---|---|---|---|---|---|---|
| 1<br>*Hoy doy las gracias por...* | 2 | 3 | 4 | 5 | 6 | 7 |
| 8 | 9 | 10 | 11 | 12 | 13 | 14 |
| 15 | 16 | 17 | 18 | 19 | 20 | 21 |

## TUS CONCLUSIONES

Te aconsejo que lo hagas todas las noches antes de acostarte. De ese modo repasarás cómo te ha ido el día y pondrás toda tu atención en lo positivo que hay en tu vida. Tengo que reconocer que soy de las que pienso que todo lo que lanzamos al universo nos es devuelto; es decir, que si lanzamos gratitud, él nos devolverá gratitud y ganas de vivir.

Por lo general, los pensamientos negativos van acompañados de generalizaciones como «nunca», «siempre», «nadie me da nunca una buena noticia», o «siempre tengo mala suerte», o «todo el mundo es mejor que yo»... Ahora te pregunto: ¿de verdad crees que es así?

PASO 4

FECHA:

# ROMPER GENERALIDADES

Por cada pensamiento y cada creencia en la que generalices, deberás encontrar argumentos que las rompan. Si piensas «Mi vida es un asco, nadie me quiere», te pido que busques momentos en los que no ha sido así, en los que te diste cuenta de que hay personas que te quieren. Entonces quizá pienses: «En este momento no me gusta mi vida, no hay una persona que me ame como a mí me gustaría». Para llegar al siguiente paso: «¿Qué estoy haciendo para que esto sea así, y qué puedo cambiar?». Cuando, en coaching, trabajamos con Programación Neurolingüística (PNL) y alguien nos dice una frase generalizadora, preguntamos: «¿Siempre, siempre? ¿De verdad que nunca nadie…?». De ese modo, intentamos que la persona con la que estamos trabajando piense que esa generalización es solo producto de un momento y que no siempre ha sido así.

*Generalidad (nunca, todos, nadie, siempre…).*

*Momentos que desmientan esa generalización.*

*¿Qué frase sería la adecuada para transformar esa generalización?*

*¿Qué puedo hacer para que esto sea así?*

## TUS CONCLUSIONES

Se trata de ser conscientes de los beneficios que nos reportan ciertas actuaciones de las que no siempre somos conscientes. A veces son simples llamadas de atención, pero otras veces estamos mostrando un claro deseo de alejarnos del sufrimiento. Te pido que sigas profundizando en cómo actúas ante una situación adversa y de qué modo piensas que puedes cambiar tu visión.

PASO 5

FECHA:

## SEGUIR PROFUNDIZANDO

*¿Qué beneficios encuentras en esta situación de queja?*

*¿Has superado algo similar anteriormente?*

*Lo que piensas ¿es cierto?*

*¿Qué está en tu mano cambiar?*

*¿Cómo serías si no pensaras de ese modo?*

*¿En qué momentos has visto las cosas de la misma manera y en cuáles no?*

## TUS CONCLUSIONES

Te has adentrado y profundizado en el problema de tu negatividad y ya estás preparado para ver sus causas, sus manifestaciones y sus «beneficios». Si sigues insistiendo en una visión lúgubre de la vida, solo alcanzarás la apatía, de la que hablaremos en el siguiente reto.

## *Conclusiones*

La vida es un paisaje en el que hay valles, montañas, cimas, laderas y depresiones. Esto es algo que no podemos cambiar, pero sí está en nuestra mano transformar nuestra actitud. Tú eres quien elige transitar como víctima o como protagonista. Los demás te podrán aconsejar, dar la razón, cuestionarte, juzgarte e incluso criticarte. Pero, sea como fuere, el único responsable eres tú. Dibujar nuestra vida con color y optimismo no solo nos favorece a nosotros, sino también a quienes nos rodean. Porque únicamente tú puedes elegir entre estos dos epitafios que resuman lo que ha sido tu paso por el mundo: «Disfrutó de la vida», o bien: «Su vida fue una queja». Tú decides cómo quieres vivir.

## *¿Has superado el reto?*

*Tacha el icono que corresponda*

# RETO 5
# *Transforma* tu apatía

*La apatía se interpone entre tu persona y tu felicidad. Implica desgana, pasividad, falta de motivación... En muchas ocasiones detrás de la apatía se encuentra una ausencia de valores, que son como reglas de vida que determinan tu forma de ser.*

Como dijimos en el reto anterior, la negatividad y la apatía suelen ir de la mano. Si pensamos que nunca nada sale bien, lo más seguro es que nos quedemos paralizados y sin ganas de luchar. El motor de la ilusión está fallando, la vida pasará por delante de nosotros y no tendremos ganas de implicarnos en ningún proyecto.

*Los síntomas de la apatía son el cansancio, el aburrimiento y la tristeza. La vida social, e incluso la afectiva, cada vez tiene menos interés. Se ha perdido la pasión por la vida y los sueños han dejado de constituir un impulso para seguir avanzando.*

Si te encuentras en un estado en el que la apatía
y la negatividad son las notas dominantes,

*te propongo que trabajemos juntos*

CON EL PROPÓSITO DE
TRANSFORMAR TU ACTITUD Y
RECUPERAR ESOS VALORES

PASO 1

FECHA:

# CONECTA CON TUS VALORES

*Piensa en un «momento dulce», de gran satisfacción personal, que hayas vivido en algún momento de tu vida y hazte las siguientes preguntas:*

*¿Dónde estás y con quién?*

*¿Qué olor respiras?, ¿qué colores ves?, ¿qué sonidos escuchas? Describe tu experiencia.*

*Identifica cuáles son los valores propios que aparecen en esa experiencia.*

*¿Cuál es el más importante?*

*Del 1 al 10, valora el modo en que pones en funcionamiento esos valores en tu vida cotidiana.*

## TUS CONCLUSIONES

El pasado no puede volver, pero sí podemos reenfocar el futuro de la mano de esos valores que acabas de encontrar en tu interior. Se trata de que decidas mirar hacia la luz, hacia la vida. Por eso ahora te pido que imagines tu futuro.

PASO 2 FECHA:

# REENFOCA TU FUTURO

*Imagínate tu futuro partiendo de los valores que has identificado en el ejercicio anterior.*
*¿Ves en tu futuro ese valor que antes has destacado como el más importante?*

*¿Qué crees que debes hacer para que aparezca?*

*Cuando esté a tu lado, ¿cómo te sentirás?*

*¿Crees que ese valor te permitirá acercarte a otros importantes? ¿A cuáles?*

TUS CONCLUSIONES

Ahora bien, para alcanzar ese futuro tienes que vivir el presente. Pero la apatía te lo impide. Por tanto, deberás comenzar a cambiar tus hábitos. Cambiar la oscuridad por la luz.

PASO 3 FECHA:

# MIRA HACIA LA VIDA

Einstein decía que para conseguir resultados diferentes hay que hacer cosas diferentes. Ha llegado la hora de moverse. Si hasta ahora no has sido protagonista de tu propia vida, este es el momento de que comiences a serlo.

***Escribe las acciones y los pensamientos negativos que actualmente rigen tu vida y, después, teniendo en cuenta tus valores y cómo imaginas tu futuro, enumera los hábitos que te permitirán mirar hacia la vida.***

¿Cuándo vas a comenzar a hacerlo?

¿Qué eliminarías o cambiarías en tu forma de actuar?

PASO 4

FECHA:

# ESTABLECE TU PLAN DE ACCIÓN

Cada semana deberás proponerte una acción y llevarla a cabo. De ese modo acabarás con la falta de ganas que hasta ahora sentías.

| | DOY LA ESPALDA A... | MIRO HACIA... |
|---|---|---|
| SEMANA 1 | | |
| SEMANA 2 | | |
| SEMANA 3 | | |
| SEMANA 4 | | |
| SEMANA 5 | | |
| SEMANA 6 | | |
| SEMANA 7 | | |
| SEMANA 8 | | |
| SEMANA 9 | | |
| SEMANA 10 | | |

## TUS CONCLUSIONES

Hace poco estuve hablando con una persona que afirmaba no ser capaz de disfrutar de nada. Funcionaba por inercia y sentía que había perdido la pasión por la vida. Poco a poco se fue dando cuenta de que en su día a día primaban las obligaciones y los compromisos, y no quedaba apenas sitio para los deseos. Te pregunto: ¿cuántas veces haces lo que realmente quieres? Y cuando lo haces, ¿lo disfrutas de verdad?

PASO 5

FECHA:

# PRIORIZA Y DISFRUTA AQUÍ Y AHORA

*Lo que tengo que hacer.*

*Lo que quiero hacer.*

*Lo que debo hacer.*

## TUS CONCLUSIONES

Decidas lo que decidas, es importante que sepas que eres tú quien elige si quiere disfrutar o no. Por ejemplo, podría ser que estudiar unas oposiciones, hacer un determinado trabajo o, simplemente, quedar con los amigos te parezcan obligaciones a las que debes responder por distintos motivos. Sin embargo, eres tú quien elige vivirlas desde la queja y la frustración, o bien enfrentarte a ellas con una actitud positiva que te permita disfrutarlas.

La apatía va acompañada de falta de autoreconocimiento. He conocido y trabajado con personas maravillosas que no eran capaces de reconocer y valorar sus éxitos personales, que consideraban que es «lo normal», lo que hay que hacer. Recuerda que tú eres el valor más importante de la relación que mantienes contigo mismo. ¡Valora tus propios éxitos y disfrútalos!

PASO 6

FECHA:

# DIARIO DE ÉXITOS PERSONALES

*Cada día escribirás un éxito personal o profesional, por pequeño que sea, con el propósito de que te centres en el valor que tiene el hecho de haberlo conseguido. No te preocupes si se trata de algo que sueles hacer con suma facilidad. Lo importante es que lo has hecho y que le des el valor que se merece.*

DÍA 1

DÍA 2

DÍA 3

DÍA 4

DÍA 5

DÍA 6

DÍA 7

DÍA 8

DÍA 9

DÍA 10

DÍA 11

DÍA 12

DÍA 13

DÍA 14

DÍA 15

DÍA 16

DÍA 17

DÍA 18

DÍA 19

DÍA 20

DÍA 21

DÍA 22

DÍA 23

DÍA 24

DÍA 25

DÍA 26

DÍA 27

DÍA 28

DÍA 29

DÍA 30

DÍA 31

## *Conclusiones*

Cada cual decide cómo quiere vivir su vida. Actualmente, la incertidumbre se extiende por todas partes, y esa falta de seguridad y de confianza nos puede llevar a la desgana y al «nada vale la pena». Sin embargo, somos muchos los que hemos decidido seguir hacia delante y no dejarnos arrastrar por los malos momentos. Todo está en nuestras manos. Lo importante es saber hacia dónde queremos mirar y comenzar a controlar nuestro día a día. No podemos dar la espalda a lo que está ocurriendo y por eso en los últimos años las muestras de generosidad han aumentado espectacularmente. Aprovechemos los malos momentos para que sirvan de estímulo e impulso.

## *¿Has superado el reto?*

*Tacha el icono que corresponda*

# Segunda parte

# RETOS *de tu* vida

Ninguno de nosotros ha elegido vivir; simplemente, ocurrió y ocurre. No hay duda de que a lo largo de la vida tienen lugar acontecimientos que no se pueden evitar, que suceden más allá de nuestra voluntad y que nos dejan totalmente derrotados. Devastados. Son situaciones de las que salimos a flote gracias a nuestra capacidad de supervivencia, porque en realidad es eso lo que hacemos: sobrevivir. A algunos nos ha ayudado la fe; a otros, las personas más cercanas, y en muchas ocasiones parece que seguimos adelante por pura inercia. Pero soy de la opinión de que es fundamental detenerse a pensar qué es lo que nos está ocurriendo y preguntarnos si mejorar nuestra vida depende de nosotros o, por el contrario, está totalmente fuera de nuestro alcance.

*Hace unos años viví una experiencia que me obligó a detenerme. Yo no elegí lo que estaba sucediendo y en absoluto era responsable. De modo que no me quedó más remedio que aceptarlo, afrontarlo y seguir adelante. No estoy diciendo que para superarse, inevitablemente, haya que sufrir, aunque sí creo que los que sabemos lo que es que el corazón se desgarre, que falte el aire y que la vida tome*

***el color de una pesadilla que no se acaba nunca somos personas distintas. Ni mejores ni peores, distintas. Porque hemos aprendido a saborear el momento, a valorarlo, y damos las gracias por poder seguir avanzando.***

A pesar de los pesares, en mi opinión, la vida es maravillosa. Todos y cada uno de nosotros somos los verdaderos responsables de que los cambios se produzcan. Detenerse, observarse y aceptarse es un trabajo que cada cual debe realizar para resolver problemas y afrontar situaciones complejas, muchas veces inevitables.

Porque, como dije antes,

*la vida no la hemos elegido,*

PERO, YA QUE ESTAMOS,

DISFRUTÉMOSLA AL MÁXIMO

# RETO 6

# Suelta el peso de tu mochila

*En muchas ocasiones llevamos a cuestas un peso que no nos corresponde. Puede que sea el resultado de situaciones del pasado que no pudimos —ni supimos— afrontar, de creencias erróneas cuyo origen se halla en papeles asumidos desde la infancia y que fueron desarrollándose hasta impedirnos avanzar.*

Seguro que en alguna ocasión te has sentido cansado y sin fuerzas para continuar. No me refiero tanto a un cansancio físico como emocional, que es más difícil de medir. A fin de cuentas, el agotamiento físico exige una respuesta inmediata, y nuestro propio organismo nos pide a gritos descansar porque ya no da más de sí. Sin embargo, el cansancio emocional es más profundo y probablemente se deba a una situación que se arrastra desde hace años y que ha ido haciendo mella en el interior.

*Imagínate que llevas a la espalda una mochila en la que tú mismo y los demás habéis ido echando piedras, unas más grandes que otras, pero todas juntas forman un peso que termina resultándote insoportable. No hay duda de que necesitas parar y comenzar a sacarlas, porque ni mucho menos tienes la obligación de soportar semejante carga.*

De hecho, en mi trabajo he descubierto que son muchas las personas (sobre todo, entre los sesenta y los setenta y cinco años) que necesitan ayuda para desprenderse de cargas y de creencias dañinas —pero inevitables— que les impiden disfrutar. Por lo general, son personas a las que les resulta especialmente difícil hablar de las emociones, que se dedicaron a cuidar primero a sus mayores, luego a sus hijos y ahora a sus nietos. Hombres y mujeres cuya principal tarea consistía en sobrevivir, casi siempre con muchas carencias y con muy pocas satisfacciones.

PASO 1

FECHA:

# IDENTIFICA TUS CARGAS

*Mis piedras son...*

*¿Desde cuándo las llevo?*

*¿Quién las introdujo en tu mochila?*

*¿Con qué fin?*

*¿Puedo modificar esta situación? ¿Cómo?*

TUS CONCLUSIONES

Puedo asegurarte que estás a tiempo de aligerar tu propia mochila... El primer paso será reconocer en qué consiste la carga que soportas desde hace años, qué forma —o formas— adopta, desde cuándo la llevas, quién la introdujo en ti y por qué.

Una vez identificadas las piedras que llevas en la mochila, pregúntate si puedes convertir alguna en algo beneficioso, o incluso si las quieres dejar dentro de la mochila. Asimismo averigua cuáles son las que más daño te hacen y deben desaparecer cuanto antes.

PASO 2

FECHA:

# ¿QUÉ QUIERES HACER CON LAS PIEDRAS QUE LLEVAS EN TU MOCHILA?

*Tus piedras actuales son...*

*¿Qué quieres hacer con ellas?*

*Si lograras eliminarlas o transformarlas, ¿cómo te sentirías?*

*¿Seguirías siendo la misma persona?*

*¿Qué serías capaz de hacer?*

## TUS CONCLUSIONES

Según sea la piedra en cuestión (baja autoestima, miedo, timidez, creencias negativas), deberás trabajar de una manera u otra. Utiliza las herramientas que aparecen en los diferentes retos que propongo en el libro, ¡y ponte manos a la obra!

## Conclusiones

Cuando nos sentimos demasiado responsables y soportamos cargas que no nos corresponden, llega un momento en que el agotamiento emocional nos pasa factura. Identificar en qué consiste ese peso excesivo y averiguar qué nos gustaría hacer con él y cómo nos sentiríamos si lo hiciésemos es el primer paso que debemos dar para seguir avanzando. Ha llegado el momento de recuperar la fuerza, las ganas de vivir y la ilusión. Paso a paso todos lo podemos conseguir.

## ¿Has superado el reto?

*Tacha el icono que corresponda*

# RETO 7
# *Supera* la adversidad

***No existe una receta mágica que ayude a superar rápidamente un trance, pero sí hay dos elementos fundamentales que se deben trabajar: la capacidad de recuperación que cada cual tenga (resiliencia) y la actitud que adoptemos.***

Como dije anteriormente, hay un sinfín de situaciones que simplemente ocurren. A veces llegan como un jarro de agua fría que nos paraliza, y nuestra cabeza comienza a funcionar como una gran olla exprés, dejando a nuestras emociones sin ningún tipo de orden ni control.

*En el diccionario aparece la siguiente definición de la palabra adversidad: «Situación contraria, de mala suerte o infortunio. Suceso o situación desgraciada».*

Y como todos sabemos, la adversidad adquiere formas variadas: un accidente, una enfermedad, la pérdida del empleo, la muerte de un ser querido, una catástrofe meteorológica, un desahucio… En todos esos casos la persona que sufre la situación se convierte en víctima. Se paraliza y se pregunta sin parar por qué le ha ocurrido precisamente a ella. Es como si se observara la escena desde fuera, como si uno ya no pudiera ser dueño ni de su propio cuerpo. Por más que se pretenda razonar y comprender, te sientes dividido entre corazón y razón, y las dos partes hablan por separado sin llegar a entenderse la una a la otra.

Recuerdo que mientras veía la película *Lo imposible* (la historia de una familia que sobrevivió al tsunami del año 2004 en el sureste asiático) pensé en cómo ante la misma situación unas personas adoptaron una actitud de esperanza y no dejaron de buscar a sus seres queridos, mientras otras suplicaban que el dolor terminara porque la angustia les dominaba. ¡Qué diferente es enfrentarse a una desgracia con esperanza o hacerlo con desilusión! Los hechos son los mismos, pero con la primera se tienen las fuerzas necesarias para continuar, mientras que con la segunda el dolor se vuelve aún más intenso porque solo te centras en lo que has perdido.

En primer lugar, te propongo que observes atentamente qué emociones sientes y qué información te están aportando sobre ti mismo. No las cuestiones ni te preguntes por qué las sientes. Están ahí por y para algo. Pero compártelas, exprésalas, y deja de hacerte el valiente.

Por eso te pido que apuntes

*cómo te sientes*

*y qué pensamiento*

ACOMPAÑA

A ESE SENTIMIENTO

PASO 1

FECHA:

# MIRA TUS EMOCIONES

| FECHA | QUÉ EMOCIÓN SIENTO | CÓMO LA SIENTO | CÓMO LA EXPRESO | QUÉ ESTOY PENSANDO |
|---|---|---|---|---|
| | | | | |
| | | | | |
| | | | | |
| | | | | |
| | | | | |
| | | | | |
| | | | | |
| | | | | |
| | | | | |
| | | | | |
| | | | | |
| | | | | |
| | | | | |
| | | | | |
| | | | | |
| | | | | |
| | | | | |

TUS CONCLUSIONES

Verás que aparecen el miedo, el enfado, la tristeza, y seguro que te sorprenderá darte cuenta de que hay emociones que se mantienen en el tiempo, mientras otras desaparecen o se mezclan entre sí e intentan confundirte. Puede que, sin darte cuenta, te sorprendas llorando cuando realmente estás enfadado, pero no te atreves a mostrar tu ira ante los demás. Debes detectar si, siempre que estás triste, lloras o bien intentas ofrecer una imagen de fortaleza ante la gente que te rodea. Asimismo deberás identificar qué te dice tu parte más racional: ¿qué clase de pensamientos surgen en tu cabeza? El miedo a lo desconocido es una de las emociones más comunes, porque no sabemos cómo vamos a actuar ni qué parte de nosotros se va a quedar dañada. Es inevitable sentirlo, pero hay que afrontarlo y evitar la angustia y la frustración que trae consigo.

Poco a poco las emociones se irán enfriando y adquiriendo su propio lugar. Es como si abrieran las compuertas de una presa y salieran millones de litros de agua de golpe que te llevan por delante sin que puedas evitarlo. Deberás localizar algo a lo que agarrarte para sobrevivir, un tronco o una rama que te permitirá llegar a la orilla. ¿Cómo lo harás? Observando tanto lo que hay fuera de ti como lo que está ocurriendo en tu interior.

SE TRATA DE HACER UN EJERCICIO DE HUMILDAD, PORQUE NO TODO DEPENDE DE TI. POR ESO ES FUNDAMENTAL QUE PIDAS AYUDA. SI INTENTAS ENFRENTARTE A LA CORRIENTE TÚ SOLO, LO ÚNICO QUE CONSEGUIRÁS ES DESGASTARTE AÚN MÁS Y DAÑAR TU AUTOESTIMA

Por tanto, te pido que seas honesto contigo mismo y que valores con sinceridad qué es lo que puedes cambiar. Tienes que adoptar un papel, y este puede ser el de víctima o el de protagonista. Tú eliges, pero, eso sí, pregúntate qué beneficios obtendrás con uno u otro. Si eliges el papel de víctima, quizá sea porque quieres que los demás te presten atención y esperas que te solucionen tus problemas. Sin embargo, si adoptas el de protagonista, estarás preparando el terreno para afrontar la situación y salir de ella.

PASO 2

FECHA:

# VÍCTIMA *VERSUS* PROTAGONISTA

*¿Qué cosas puedes cambiar?*

*¿Cómo vas a cambiarlas?*

*¿Cuál va a ser tu actitud ante la situación?*

## TUS CONCLUSIONES

Mientras escribo estas líneas, hablo con un hombre luchador que ha logrado hacer de su pasión su profesión. No ha tenido las cosas fáciles, e incluso se ha encontrado con reveses de enorme gravedad. Precisamente cuando más cerca estaba del triunfo, tuvo un accidente que le obligó a pasar por varias operaciones, mucho sufrimiento y una gran incertidumbre. Pasó por la furia, el llanto más amargo, la mayor de las frustraciones..., nada de esto le hizo posible cambiar lo que ocurría. Pero se dio cuenta de que lo único que estaba en su mano era modificar la actitud con la que se enfrentaría a todas las preguntas que no dejaba de hacerse: ¿qué pasará ahora?, ¿cómo saldré de esta situación?

Esto mismo ocurre cuando nos enfrentamos a una enfermedad, a un despido, al fallecimiento de un ser querido... El impacto que producen este tipo de sucesos hace que en un primer momento nos quedemos paralizados, y después las emociones comienzan a moverse desordenadas e imparables. No las ocultes, porque te ayudarán a conocerte mejor. Descubrirás tus propios recursos y la fortaleza que llevas dentro.

Después de llorar, de pedir a gritos que las cosas no sean como son, de jurar y rogarle a Dios, de buscar culpables, lo único cierto es que la situación adversa sigue ahí. Aceptarlo no es fácil, y son muchos los que optan por dar la espalda a la realidad. Pero esto solo traerá aún más sufrimiento.

PASO 3

FECHA:

# ACEPTACIÓN

*¿Qué beneficios obtienes si no miras las cosas de frente?*

*¿Qué beneficios obtienes si aceptas la situación?*

YO (PON TU NOMBRE) ..........,

ACEPTO ..........

.......... Y AUNQUE NO LO ELEGÍ, DECIDO PONER TODO DE MI PARTE PARA AFRONTARLO.

## TUS CONCLUSIONES

Has decidido abandonar el papel de víctima y convertirte en responsable de ti mismo. Pero para ello debes ahondar en tu interior y encontrar las fortalezas y las aptitudes que tienes. En ocasiones no es fácil detectarlas, y puede que incluso sientas cierto pudor. Por eso te propongo que te dejes ayudar por tus seres queridos, por amigos y por compañeros de trabajo.

PASO 4

FECHA:

## ¿QUÉ FORTALEZAS TENGO?

*Describe las fortalezas y las aptitudes que tienes para afrontar la situación en la que te encuentras.*

Si sigues sin encontrar esas cualidades personales que te hacen fuerte, recurre al RÍO DE TU VIDA. Comienza preguntándote por tu niñez y busca situaciones difíciles de las que lograste salir. Después pasa a la adolescencia, a la juventud… Y así hasta el momento actual.

# EL RÍO DE TU VIDA

| EDAD | SITUACIÓN | CÓMO LO RESOLVÍ | FORTALEZA QUE DETECTO EN MÍ |
|---|---|---|---|
| | | | |
| | | | |
| | | | |
| | | | |
| | | | |
| | | | |
| | | | |
| | | | |
| | | | |
| | | | |
| | | | |
| | | | |
| | | | |
| | | | |
| | | | |

De todas las fortalezas que has anotado, marca las que te pueden ayudar en el momento actual, y piensa: «SI FUI CAPAZ DE HACERLO ANTES, NADA NI NADIE ME VAN A IMPEDIR CONSEGUIRLO AHORA».

UNA VEZ QUE TENEMOS TODOS ESTOS RECURSOS Y LOS PONEMOS EN PRÁCTICA, HA LLEGADO EL MOMENTO DE COMENZAR DE CERO

TUS CONCLUSIONES

# Conclusiones

Tú mismo puedes ser tu mejor o tu peor enemigo. Todo dependerá del papel que elijas ante la adversidad: o bien te sientes víctima, o bien te conviertes en protagonista. Seas o no responsable de la situación, de poco te vale castigarte. Ha llegado el momento de ponerte al frente y para ello vas a necesitar grandes dosis de paciencia. No todos actuamos al mismo ritmo, y lo importante es seguir avanzando.

En este momento es importante que seas egoísta contigo mismo y que te centres no tanto en lo que los demás esperan de ti, sino en lo que tú necesitas. No escondas tus emociones y aprende a expresarlas. Y acepta las cosas tal y como vienen, te gusten más o menos. No siempre dependen de nosotros las veces que nos caemos, pero sí las que nos levantamos.

## ¿Has superado el reto?

*Tacha el icono que corresponda*

# RETO 8
# Comenzar de cero

*Todo lo que dimos se nos fue.*

*Soñé que siempre iría al lado.*

*Eso que inventamos ya no es.*

*Ahora solo existe el pasado [...]*

*Quiero que todo vuelva a empezar.*

*Que todo vuelva a girar.*

*Que todo venga de cero.*

*(LETRA DE LA CANCIÓN «CERO», DE DANI MARTÍN)*

Después de todo, aquí seguimos, y eso es lo que importa. Podemos tener más o menos fuerza, aceptar mejor o peor una determinada situación adversa, pero, aun con resignación, hemos decidido volver a empezar. Esto es algo que te debes a ti mismo, y no olvides que dispones de tu propia experiencia, de todo lo que has aprendido sobre ti mismo. Después de un duro golpe, es normal que nos convirtamos en personas distintas, porque hay algo interno que se ha roto y nos hemos tenido que recomponer para continuar. Desde ese momento, tenemos el convencimiento de que nadie ni nada podrán con nosotros. Es entonces cuando llega el momento de hacernos una pregunta difícil de contestar: ¿Y AHORA QUÉ?

*Tú eres el protagonista de tu propia historia y, por mucha ayuda que recibas de los demás, solo tú puedes decidir cómo seguir adelante. Te propongo que vuelvas a ser un niño y vivas cada instante. Planificar a largo plazo puede bloquearte, por lo que será mejor que comiences por las cosas pequeñas del día a día.*

Se trata de cerrar la etapa anterior, de decirle adiós y darle las gracias.

Una vez que has aceptado la nueva situación,

*que reconoces tus fortalezas y estás dispuesto a avanzar,*

**DESPÍDETE DE LO SE FUE O DE LO QUE PERDISTE Y DALE LAS GRACIAS**

PASO 1

FECHA:

# CERRAR LA ETAPA ANTERIOR

*¿A qué o a quién dices adiós?*

*¿De qué te despides?*

*Le das las gracias porque...*

## TUS CONCLUSIONES

No olvides que se cierra una ventana y se abre otra. Pero ¡cuidado!, porque la primera debe estar bien cerrada para que puedas abrir la siguiente. Esto no significa que olvides aquello que has perdido, sino que no vivas anclado en el pasado, pues entonces no podrás recibir las nuevas situaciones que se te irán presentando. No vivas en el rencor, en la envidia o en la comparación constante. Si lo haces, solo conseguirás dañarte.

Ahora ya estás en disposición de darle la bienvenida a lo nuevo que está por llegar. Y tú mismo eres lo principal. Deberás reconocerte y averiguar qué hay de nuevo en ti. Has pasado por un duro trance y tu interior ha cambiado, tu forma de ver la vida, tus prioridades, tu manera de relacionarte con los demás y tu propia relación contigo mismo. Una gran parte de la persona que eras antes aún permanece, pero no hay duda de que eres diferente. Te propongo que te mires en el espejo y te observes detenidamente.

PASO 2

FECHA:

# RECONÓCETE

*Mira dentro de ti y describe lo que ves. ¿Qué queda de quien eras antes?*

*¿Qué cosas nuevas han llegado?*

*Describe a la persona que ves.*

## TUS CONCLUSIONES

Pero una vez más surge esa pregunta tan incómoda: ¿Y AHORA QUÉ? Es importante que mires al frente con humildad y que te plantees metas concretas y a corto plazo. Establece prioridades teniendo en cuenta lo que está en tus manos realizar y lo que depende de otros. Te propongo que te fijes objetivos semanales y establezcas un calendario.

PASO 3

FECHA:

# COMIENZA A PLANIFICAR

SEMANA 1

| META | ¿DEPENDE DE TI ALCANZARLA? | ¿QUÉ NECESITAS HACER? |
| --- | --- | --- |
| | | |
| | | |
| | | |
| | | |
| | | |

SEMANA 2

| META | ¿DEPENDE DE TI ALCANZARLA? | ¿QUÉ NECESITAS HACER? |
| --- | --- | --- |
| | | |
| | | |
| | | |
| | | |
| | | |

## SEMANA 3

| META | ¿DEPENDE DE TI ALCANZARLA? | ¿QUÉ NECESITAS HACER? |
| --- | --- | --- |
| | | |
| | | |
| | | |
| | | |
| | | |

## SEMANA 4

| META | ¿DEPENDE DE TI ALCANZARLA? | ¿QUÉ NECESITAS HACER? |
| --- | --- | --- |
| | | |
| | | |
| | | |
| | | |
| | | |

### TUS CONCLUSIONES

Observar que vas alcanzando pequeñas metas semanalmente te permitirá seguir adelante con mayor decisión, hasta que llegue un momento en que seas capaz de planificar a más largo plazo. Entonces ya estarás preparado para visualizar tu futuro.

PASO 4 FECHA:

# VISUALIZA TU FUTURO

Cierra los ojos e imagínate dentro de tres, seis o nueve meses. ¿Cómo te ves? ¿Dónde? ¿Con quién? ¿Qué estás haciendo?... Puedes plasmar la imagen que ves de la forma que prefieras: descríbela, dibújala, haz un *collage* con fotos o recortes de revistas, etcétera. Piensa que te tiene que servir de motivador para continuar. Además, deberás ser consciente de todo lo que tienes ahora para conseguirlo y también de todo lo que te falta para alcanzarlo, porque sobre esto deberás trabajar. La base puede ser una cartulina que colocarás en un sitio visible para ti.

*Cómo me veo en (escribir fecha futura).*

*¿Qué herramientas tienes para llegar hasta allí?*

*¿Qué te frena o te falta para que se haga realidad?*

## TUS CONCLUSIONES

A lo largo de este libro encontrarás muchos retos que están relacionados con lo que te frena para alcanzar tu futuro o lo que te falta para que se haga realidad: miedo, autoestima, creencias, pensamiento negativo, cargas emocionales... Recurre a estos retos y trabaja sobre ellos. Por mi experiencia, te puedo asegurar que, si te involucras en este paso, conseguirás grandes logros, porque también te ayudará a detectar si lo que te imaginas es alcanzable o no, si tienes que ir modificando alguno de estos cuadrantes... Hasta que llegue un día en el que te des cuenta de que se está cumpliendo aquello que planeaste en tu partir de cero.

## *Conclusiones*

«La historia es un incesante volver a empezar», decía Tucídides. Y no hay duda de que tenía razón. Se trata de descubrir cuáles son las herramientas de que disponemos para recomenzar y después optar por una actitud como compañera de viaje. Te pueden privar de muchas cosas, pero nunca de tu capacidad para elegir levantarte cuando te has caído. No siempre será sencillo, pero solo tú eres el responsable de tu éxito. La nueva situación te permitirá conocerte mejor, aceptarte, recobrar fuerzas renovadas. Plantéate metas cortas y ten siempre presente que CADA DÍA ES UNA OPORTUNIDAD PARA SER FELIZ.

## *¿Has superado el reto?*

*Tacha el icono que corresponda*

# RETO 9
# Aprende a aceptarte

***Es imposible pretender que nos quieran o nos acepten los demás si nosotros mismos somos los primeros que nos dañamos y no nos aceptamos.***

¿Cuánto te quieres? ¿Cómo te lo demuestras? ¿Te envías a ti mismo mensajes positivos, motivadores o, por el contrario, te bombardeas con ideas demoledoras y negativas sobre ti mismo? ¿Qué te gustaría cambiar de ti? Uno de los retos más frecuentes que encuentro en mi trabajo está relacionado con el quererse a uno mismo, con el cuidarse y el aceptarse. Casi siempre el problema viene planteado desde fuera: «Él o ella no me quiere», «No le gusto», «No me acepta tal y como soy», etc. Y yo siempre hago la misma pregunta: «¿Cuánto te quieres tú?».

*La perfección no existe. Aunque sí es posible hallar un equilibrio con uno mismo que se proyecta hacia fuera y que hace que los demás te acepten tal y como eres.*

En las empresas habitualmente se evalúa a los equipos con una herramienta, llamada «360», que permite que todos los trabajadores sean examinados por todos. Los resultados suelen ser sorprendentes y permiten que cada uno de los miembros de un equipo detecten sus virtudes y sus fallos. Porque quien no es capaz de reconocer sus propios méritos difícilmente logrará que los demás lo hagan.

Por tanto, este reto va a consistir

*en mejorar nuestras relaciones con nosotros mismos*

PARA QUE LAS QUE MANTENEMOS CON LOS DEMÁS SEAN CADA VEZ MÁS BENEFICIOSAS

PASO 1

FECHA:

# OBSÉRVATE Y RECONÓCETE

*Colócate delante de un espejo y obsérvate. Comienza por el físico y sigue con la parte emocional, profesional, familiar... No valores si te gusta o no lo que ves; tan solo descríbete.*

La persona que veo en el espejo es...

## TUS CONCLUSIONES

Todos formamos parte de distintos grupos o sistemas de personas con las que nos relacionamos (familia, amigos, comunidad, empresa, etc.). En ese grupo cada cual ocupa un lugar y todos tendemos a buscar el equilibrio con los demás, de tal modo que exista una compensación entre lo que damos y lo que recibimos (en el reto 12 hablaremos más extensamente de esto).

*El primer sistema del que formamos parte somos nosotros mismos, por lo que es crucial preguntarse si en la relación que cada cual mantiene consigo mismo existe un equilibrio o si está descompensada y nos estamos haciendo daño.*

Somos nuestros mayores críticos y, a menudo, la forma en que nos ven los demás nos sorprende, pues no se corresponde con el concepto que tenemos de nosotros mismos. Por supuesto, hay una parte de ti que solo conoces tú; hay otra que conoces tú y también los demás, existe una tercera que solo conocen quienes te rodean y, finalmente, una cuarta parte desconocida tanto para los demás como para nosotros.

PASO 2

FECHA:

# CÓMO TE VEN LOS DEMÁS

*Ya te has mirado a los ojos y te has descrito. Ahora debes averiguar cómo te ven los demás. Se trata de una información muy valiosa, puesto que te permitirá descubrir fortalezas que no imaginabas que tenías. Puedes preguntar a tu familia, a tu círculo de amigos o a tus compañeros de trabajo, y explícales cuál es el objetivo. La tabla que aparece a continuación es abierta y puedes modificarla según sea tu circunstancia. La valoración más baja es 1 y la más alta, 5.*

| | 1 | 2 | 3 | 4 | 5 |
|---|---|---|---|---|---|
| Abierto | | | | | |
| Agresivo | | | | | |
| Amable | | | | | |
| Ambicioso | | | | | |
| Apasionado | | | | | |
| Aprende continuamente | | | | | |
| Asertivo | | | | | |
| Autoritario | | | | | |
| Capaz de adaptarse | | | | | |
| Capaz de influir en otros | | | | | |
| Coherente | | | | | |
| Comprensivo, respetuoso | | | | | |
| Comprometido | | | | | |

| | 1 | 2 | 3 | 4 | 5 |
|---|---|---|---|---|---|
| Conocedor de los demás | | | | | |
| Contagia entusiasmo | | | | | |
| Creativo | | | | | |
| Decidido | | | | | |
| Egocéntrico | | | | | |
| Ejecutivo, activo | | | | | |
| Equilibrado emocionalmente | | | | | |
| Generoso | | | | | |
| Hábil | | | | | |
| Honesto | | | | | |
| Honrado | | | | | |
| Humilde | | | | | |
| Impulsivo | | | | | |
| Indeciso | | | | | |
| Indulgente | | | | | |
| Inteligente | | | | | |
| Objetivo, neutral | | | | | |
| Optimista | | | | | |
| Paciente | | | | | |
| Polivalente | | | | | |
| Posee vocación de servicio | | | | | |
| Responsable | | | | | |
| Simpático | | | | | |
| Sinérgico | | | | | |
| Sobrio, realista | | | | | |
| Sociable | | | | | |
| Temperamental | | | | | |
| Tiene confianza en sí mismo | | | | | |
| Tiene sentido de misión | | | | | |
| Tolerante | | | | | |
| Transigente | | | | | |
| Vacilante | | | | | |
| Ve la vida como aventura | | | | | |

*¿Coincide con la imagen que tienes de ti mismo? ¿Qué es lo que más te ha sorprendido? ¿Qué información valiosa has obtenido?*

## TUS CONCLUSIONES

Veamos ahora lo que menos te gusta de ti. En este paso te propongo que señales lo que te gustaría cambiar de ti mismo y por qué cosa o cualidad querrías hacerlo. Puede ser un aspecto físico o de carácter. Por ejemplo: «Veo un cuerpo con sobrepeso y me gustaría adelgazar», o «Tengo mucho genio y me gustaría no ser tan impulsivo», o «Soy muy desorganizado y quiero aprender a organizarme mejor».

PASO 3

FECHA:

# QUÉ QUIERES Y PUEDES CAMBIAR

| LO QUE VEO | LO QUE QUIERO CAMBIAR | QUIERO CAMBIARLO POR |
|---|---|---|
| | | |
| | | |
| | | |
| | | |
| | | |
| | | |
| | | |
| | | |
| | | |
| | | |
| | | |
| | | |
| | | |
| | | |

## TUS CONCLUSIONES

Pregúntate qué aspectos puedes cambiar y cuáles no. Seguro que hay características que forman parte de ti, aunque no las hayas elegido, por lo que, si las rechazas, estarás rechazándote a ti mismo. Es muy bueno que seas consciente de que hay cosas que debes corregir o mejorar, pero hay una parte que siempre va a estar ahí. Yo apuesto por el cambio siempre que sea real y alcanzable. Y apuesto también por la aceptación de uno mismo, con nuestras virtudes y defectos.

Una vez que tengas claro qué es lo que quieres cambiar y qué se va a quedar contigo, el siguiente paso consistirá en reafirmarte.

PASO 4

FECHA:

## REAFÍRMATE

*Deja de ser dañino contigo mismo y comienza a mimarte. Ganarás en confianza, autoestima y seguridad. Apóyate en esta frase de aceptación:*

YO (PON TU NOMBRE)..........................................................

ME ACEPTO COMPLETAMENTE PARA BUSCAR EL EQUILIBRIO CONMIGO MISMO Y ASÍ QUERERME Y CUIDARME.

### TUS CONCLUSIONES

# Conclusiones

El psicólogo estadounidense Clark Moustakas dice: «Acepta todo acerca de ti mismo, me refiero a todo, tú eres tú, y ese es el principio y el fin. Sin disculpas, sin arrepentimientos». Se trata de aceptar lo positivo y lo negativo, lo que más nos gusta y de lo que presumimos, y también lo que rechazamos y de lo que nos arrepentimos. Solo entonces tomarás conciencia de lo que quieres y puedes cambiar, y de lo que se quedará contigo. Trabaja tu humildad y verás cómo empiezas a quererte más. Te darás cuenta de que a las personas que te rodean también les gustarás más. A partir de ese día podrás comenzar a generar el cambio que te llevará a tu total aceptación. No olvides que puedes ser tu mejor amigo y que eres la única persona que estará contigo hasta el final de tus días.

## ¿Has superado el reto?

*Tacha el icono que corresponda*

# RETO 10

# Rompe creencias negativas

***Todos somos observadores y protagonistas del mundo. Lo que nos diferencia es la percepción o la interpretación que hacemos de lo que tenemos delante. Nuestra realidad no es la realidad absoluta, sino que se ve influida por nuestra cultura, religión, educación, valores y, sobre todo, por nuestra propia experiencia.***

Los *coaches* solemos decir que «el mapa no es el territorio». Cada cual percibe la realidad a través de sus propios filtros, que se han ido formando y acumulando desde el día en que nacimos. Esto nos lleva a actuar de una manera determinada con los demás y con nosotros mismos.

Durante nuestro viaje por la vida nos acompañan siempre nuestras creencias, nuestros particulares puntos de vista sobre nosotros mismos, sobre los demás o sobre la realidad. Esas creencias determinan las decisiones que tomamos y el modo en que nos comportamos.

*Las creencias pueden ser potenciadoras o limitantes. Las primeras nos ayudarán a actuar desde el positivismo, mientras que las segundas nos alejarán de lo que queremos conseguir.*

Si cuando tienes un reto por delante te dices: «Yo puedo», «Consigo lo que me propongo», «Merezco ser feliz»…, estarás usando creencias potenciadoras que te pondrán en disposición de avanzar y mejorar tu vida. Pero imagina que dices: «No valgo», «Soy un inútil», «No tengo fuerza de voluntad»… En ese caso tú mismo te estarás limitando y distanciando de tu objetivo. Así que no olvides que nuestras creencias nos mueven. Y si no que se lo digan a la protagonista de la siguiente historia:

*Érase una niña que desde que nació sufrió continuas enfermedades. La mayor parte de su infancia la pasó en un hospital, ya que su delicado estado de salud le hacía pasar más tiempo postrada en una cama que llevar una vida como el resto de sus amigas. Mientras ellas iban al colegio y jugaban tranquilamente en la plaza del pueblo, la niña se quedaba resguardada en casa, no fuera que el frío pudiera una vez más con sus frágiles pulmones.*

*Mientras sus amigas, primas y hermanos dedicaban los veranos a montar en bicicleta e ir al pantano, ella se quedaba en casa jugando a las muñecas. Sin quererlo y sin ninguna mala intención, sus familiares más cercanos (padres, abuelos, tíos...) le pusieron la etiqueta de «débil». En su afán por protegerla y cuidarla no le permitieron llevar una infancia como el resto de niños.*

*En una ocasión pidió a sus padres que la dejaran ir con sus hermanos mayores a pasar un día al campo. Habían planeado hacer una larga caminata, y la pequeña, que no estaba acostumbrada a hacer ningún esfuerzo, no pudo seguir el ritmo que llevaba todo el grupo y tuvo que volver a su casa con lágrimas en los ojos y con el convencimiento de lo grande que era su fragilidad. Fue creciendo y vio cómo pasaba la vida por delante de ella. Sus amigas se marchaban a estudiar a la ciudad, mantenían sus primeros noviazgos mientras ella seguía en casa como la niña que fue hace años. Nunca bailaba en las verbenas del pueblo porque sabía que ningún chico querría estar con ella. Nunca se le pasó por la cabeza ponerse a trabajar para hacerse con un futuro. Nunca se planteó soñar, porque creía que sus sueños eran propios de una mujer fuerte y valiente, y ella, sin embargo, jamás conseguiría hacer nada por sí misma. Y esto hizo que fueran pasando los años y ella se limitara a ver*

***pasar la vida sin la posibilidad de cambiar nada, porque creía que no era posible.***

Como a esta niña, a ti te puede pasar lo mismo, que te hayas formado ciertas creencias negativas que te impiden seguir avanzando. Ha llegado el momento de transformarlas.

Las creencias negativas pueden estar relacionadas contigo o con los demás. Te voy a pedir que te preguntes por los mensajes que te envías a ti mismo en tu día a día o ante situaciones complejas. Esto te ayudará a detectar las etiquetas que llevas colgadas y de las que no puedes desprenderte, adjetivos como miedoso, torpe, incapaz, tímido, etc. Te propongo que observes tu forma de hablar, ya que las palabras que utilizamos siempre nos delatan.

Ahora bien, ¿cuál es el origen de esas creencias? ¿Las has formado a partir de alguna experiencia dolorosa? ¿Las has escuchado desde que eres un niño? Detectar el origen es importante para saber desde qué lugar las vas a observar para combatirlas, es decir, para detectar dónde tienes que comenzar a trabajar.

Debes averiguar si están relacionadas con tu

*autoestima, seguridad o confianza,*

**O SI SON CREENCIAS DE OTRAS PERSONAS QUE HAS HECHO TUYAS**

PASO 1

FECHA:

# DETECTA TUS CREENCIAS NEGATIVAS

*Creencias negativas sobre ti mismo.*

*Creencias negativas sobre los demás.*

*¿Cuál es el origen de esas creencias?*

*Etiquetas negativas sobre ti mismo.*

*Etiquetas negativas sobre los demás.*

*¿Cuál es el origen de esas etiquetas?*

## TUS CONCLUSIONES

Ahora te pido que te hagas las siguientes preguntas sobre los efectos de esas creencias en tu vida:

*¿De qué te están alejando esas creencias negativas?*

*¿Qué precio pagas por ellas?*

*Si continúas así, ¿qué crees que sucederá?*

*¿Qué te estás perdiendo por tener esas creencias?*

Como dije al principio, todos vemos el mundo a través de un determinado filtro que nos hace actuar de una forma u otra. Ahora pasaremos a valorar esas creencias limitantes en su justa medida.

PASO 2

FECHA:

# CUESTIONA TUS CREENCIAS

*Escribe la creencia negativa que te limita y que quieres trabajar.*

*¿Qué evidencia tienes de que esto es así?*

*¿Quién o qué te dice que es así?*

*¿Con qué lo comparas?*

*¿Te sucede siempre?*

*¿Cuándo?*

## TUS CONCLUSIONES

Es importante que diferencies entre hechos y opiniones. Por ejemplo, que no hayas conseguido un trabajo no significa que no valgas, sino que tu perfil no encajaba en ese momento con lo que buscaban, o que hayas hecho mal una tarea no significa que no puedas hacerlo bien en la siguiente ocasión o que no hagas bien otras.

Porque tener éxito depende de si pensamos que somos capaces. Así pues, después de identificar tus creencias negativas, su origen, y de cuestionarlas, ha llegado el momento de crear algo nuevo y potenciador.

PASO 3 FECHA:

# COMIENZA A CREAR

*Si decides transformar esa creencia, ¿por qué otra creencia potenciadora la cambiarías?*

*¿Qué cosas se transformarían?*

*¿Cómo te sentirías?*

*¿Has cambiado en alguna ocasión una creencia negativa sobre ti mismo?*

TUS CONCLUSIONES

Ahora te pediré que mires el problema desde otro lugar. Es decir, deja de ser VÍCTIMA y pasa a ser RESPONSABLE. Ya dijimos que, si te sitúas como víctima, la queja constante anulará tu poder, pero si, por el contrario, decides que eres responsable de tu felicidad y de tus éxitos, volverás a creer en tu capacidad de superación.

PASO 4

FECHA:

# CAMBIA DE LUGAR

Recuerda algún momento en el que no tuviste esta creencia negativa, o piensa en la creencia potenciadora por la que quieres sustituirla. Imagina que observas la creencia negativa desde esta nueva situación.

*¿Cómo ves ahora tu creencia negativa?*

*¿Es tan poderosa como antes?*

*¿Es producto de algo habitual en tu vida o se debe a un hecho puntual?*

*¿Qué herramientas tienes para derrotarla?*

## TUS CONCLUSIONES

La sensación que tendrás es la de alguien que ha llegado a la cima de una montaña. Lo has logrado porque sabías que en otras ocasiones fuiste capaz de hacerlo. Has descubierto que tienes valores y fortalezas que te permiten iniciar el ascenso. La creencia negativa se ha hecho mucho más pequeña y comienzas a reconocer tu poder. Al mismo tiempo dejas de generalizar y la situación adversa en la que te encuentras ha pasado a ser algo puntual de lo que no puedes sacar conclusiones. Has pasado de SER a ESTAR. ¡Qué diferente habría sido todo, por ejemplo, si de niño te hubieran dicho «Estás tonto», en lugar de «Eres tonto»!

*Ahora necesitas anclar todo lo aprendido. Cuando en tu mente aparezca una idea devastadora contra ti mismo, recuerda que ESTÁS en ese momento, y que NO ES para siempre.*

## Conclusiones

No somos conscientes del poder que tienen las palabras y de cómo ciertos mensajes determinan nuestra vida y nuestra conducta. Es lo que viene a resumir la «profecía autocumplida»: si creo que soy un inútil, mala persona, incapaz de enamorar y un fracasado, haré lo posible para que se cumpla. Por supuesto, esto ocurre de forma inconsciente, y parece que todos nuestros actos con las personas que nos relacionamos nos demuestran que lo que creemos es verdad.

Por eso necesitamos enseñarnos a nosotros mismos que están y estamos equivocados, que podemos pasar por baches que nos hagan entrar en una espiral de negatividad y de autodestrucción, pero que tanto los baches como la espiral negativa son puntuales.

ESTAMOS, pero NO SOMOS. Hacer el esfuerzo necesario para transformar esa creencia negativa en una potenciadora puede cambiar nuestro propio destino.

## *¿Has superado el reto?*

*Tacha el icono que corresponda*

# RETO 11

# *Vive el* presente

***Depresión: exceso de pasado.***

***Ansiedad: exceso de futuro.***

***Vivir en presente es estar en paz.***

Suena bien, ¿verdad? Seguro que te gustaría llegar a ese vivir en presente y en paz. Obsesionarte con lo que no hiciste o con los errores del pasado y adelantarte a los acontecimientos solo te conducirán a no disfrutar del presente y, por tanto, a dejar pasar oportunidades.

«Carpe diem», decía el poeta Horacio. ¡Qué gran verdad! Y, sin embargo, nos empeñamos en lo contrario. A veces porque somos excesivamente controladores y queremos tenerlo todo organizado, y otras porque nos quedamos enganchados a una historia, a una persona o a una situación que ocurrió.

*Todos estamos formados de energía, y nuestro día a día se compone del intercambio de nuestra energía con la de los demás. Si en lugar de vivir AQUÍ y AHORA nos empeñamos en mirar hacia atrás, solo conseguiremos desgastarnos.*

Vivimos una vida en la que son todo prisas, y pocas veces nos paramos a observar lo que sucede a nuestro alrededor ni lo que nos ocurre, pensamos y sentimos. Ha llegado el momento de tomar conciencia y aterrizar en nuestra cotidianeidad. ¿Y si las cosas no salen como quiero? ¿Y si fulanito no me vuelve a llamar? ¿Y si hubiera dicho o hecho otra cosa?... Se nos da fenomenal conjugar el condicional. Y como dice el diccionario, la palabra «condicional» hace referencia a lo que depende de uno o más factores: «Acción posible si se cumple una condición previa».

¿Qué te parece si en lugar de esperar y angustiarte por lo que puede ser, u obsesionarte por lo que pasó, te detienes a vivir el presente? Seguro que te sentirás mucho más relajado y feliz. Nuestros sueños nos pueden mover y llenarnos de estímulos y motivación, pero no debemos olvidar dónde estamos y el momento en que nos encontramos.

*Por eso te pido que aterrices, que plantes bien los pies en el suelo y conectes con tu presente.*

No hay duda de que el pasado forma parte de nosotros, y somos lo que somos por lo que hemos vivido y cómo lo hemos vivido. El pasado puede ser tormentoso y estar lleno de errores, pero si le permitimos que gane terreno, nos impedirá avanzar. Ni mucho menos estoy diciendo que no le demos importancia, porque la tiene. Reflejo de ello son los numerosos libros y películas que hablan de la posibilidad de volver al pasado para cambiarlo, y seguro que tú también desearías tener una varita mágica con la que modificar errores que cometiste.

*Pero se nos suele olvidar*

QUE LO MEJOR ES APRENDER

DE LO QUE OCURRIÓ

PASO 1

FECHA:

# TRABAJA TU PASADO

*¿Qué hechos y personas del pasado condicionan tu presente?*

*¿Qué aprendizaje positivo obtienes de ellos?*

Una vez detectados estos condicionantes y tras sacar un aprendizaje de ellos, llega el momento de que les digas adiós. Dales las gracias por lo que aprendiste y despídete de ellos. De ese modo les estarás dando el lugar que les corresponde.

## EJERCICIO DE DESPEDIDA

| HECHO / PERSONA | TE DOY LAS GRACIAS POR | DESPEDIDA |
|---|---|---|
| | | Te digo adiós |
| | | |
| | | |
| | | |
| | | |
| | | |
| | | |
| | | |

## TUS CONCLUSIONES

Si ya has cerrado todas esas ventanas que tenías entreabiertas y por las que se escapaba una gran parte de tus energías, ha llegado la hora de centrarte en el presente.

**Para disfrutar del presente lo primero es reconocerlo y darle las gracias por lo que te da. Se trata de vivirlo con intensidad, pero relajadamente, saboreando cada instante.**

Para ello deberás incorporar una serie de rutinas a tu vida diaria.

PASO 2

FECHA:

# CONECTA CONTIGO MISMO

Para conectar con el AQUÍ y AHORA, deberás aprender a relajarte. Te aconsejo que sigas estas instrucciones:

- *Hazlo al comenzar el día y dedícale entre 10 y 15 minutos.*

- *Cierra los ojos, deja tu cuerpo relajado, de la manera que te resulte más cómoda, y comienza a respirar. Olvídate de todo; tan solo céntrate en tu respiración. Intenta visualizar tus pulmones y observa cómo el aire entra y sale.*

- *Repite esta frase:*
  *«ME ENCUENTRO AQUÍ Y AHORA.*
  *SOLO EXISTE ESTE INSTANTE*
  *Y DECIDO FORMAR PARTE DE ÉL».*

TUS CONCLUSIONES

Cuando un niño, o un adulto, acaba de aprender a nadar, ni por asomo se le ocurre probarse a sí mismo en la inmensidad del mar. Para alcanzar seguridad primero lo intentará en una piscina, donde toque suelo y las dimensiones sean manejables. Poco a poco irá adquiriendo confianza hasta que al fin se atreva a nadar en el mar. Algo parecido ocurre con tu día a día. Si te centras en grandes planes y proyectos, lo más probable es que te bloquees y no avances. Por eso te propongo que te plantees metas diarias que estén a tu alcance y que las anotes en un calendario.

PASO 3

FECHA:

# PROPONTE METAS DIARIAS

DICIEMBRE

| L | M | X | J | V | S | D |
|---|---|---|---|---|---|---|
| | | | | | | 1 |
| 2 | 3 | 4 | 5 | 6 | 7 | 8 |
| 9 | 10 | 11 | 12 | 13 | 14 | 15 |
| 16 | 17 | 18 | 19 | 20 | 21 | 22 |
| 23 | 24 | 25 | 26 | 27 | 28 | 29 |
| 30 | 31 | | | | | |

## TUS CONCLUSIONES

No hay duda de que la cabeza nos juega malas pasadas. El demonio del que ya te advertí nos habla cuando menos lo deseamos, y sus mensajes son siempre demoledores y dañinos. Te sientes paralizado y piensas que no puedes continuar. Esa sensación de impotencia puede durar varios días y, cuando te quieres dar cuenta, has dejado de ir a la cena mensual con tus amigos, no has disfrutado de tu cumpleaños, has cancelado un viaje que llevabas tiempo planeando... Entonces te enfadas contigo mismo porque te sientes incapaz de disfrutar. Pero déjame que te recuerde que, aunque tienes un inmenso poder, no eres todopoderoso. Trabaja tu humildad y reconoce que no todo está en tu mano.

PASO 4

FECHA:

# TRABAJA TU HUMILDAD

*Cada vez que aparezca un pensamiento enganchado al pasado o que se adelanta al futuro, repite esta frase:*

ESTO NO ESTÁ EN MIS MANOS. NO PUEDO CAMBIAR EL PASADO NI ANTICIPARME AL FUTURO, ASÍ QUE ELIJO VIVIR EL PRESENTE.

## TUS CONCLUSIONES

¿Sabes lo afortunado que eres? Si es así, deberías estar agradecido, ¿no crees? Porque la vida puede ser muy dura, pero podemos dar las gracias todos los días por lo que tenemos. Hace poco estuve con Kike y su mujer, dos seres extraordinarios de los que hablé en mi libro anterior, *Yo puedo ayudarte*. A raíz de un accidente, Kike sufre una lesión medular que le impide andar. Tras charlar sobre distintos asuntos y contarnos algunos de nuestros planes más inmediatos, los dos me dijeron al unísono: «¡Somos tan afortunados!». Y así es. La lesión de Kike podría haber sido mucho más grave de lo que fue y podrían haber optado por seguir caminos separados. Pero decidieron hacerse responsables de la situación y abandonar el papel de víctimas para aprovechar cada instante y seguir avanzando con ilusión. Los dos dan las gracias por lo que tienen.

*Por eso te voy a pedir que tú también des las gracias y que todos los días antes de acostarte apuntes en un calendario el motivo por el que lo haces (una persona a la que has conocido, una oportunidad en el trabajo, una felicitación, etcétera).*

PASO 5

FECHA:

# SÉ AGRADECIDO

MES

| L | M | X | J | V | S | D |
|---|---|---|---|---|---|---|
| | 1 | 2 | 3 | 4 | 5 | 6 |
| 7 | 8 | 9 | 10 | 11 | 12 | 13 |
| 14 | 15 | 16 | 17 | 18 | 19 | 20 |
| 21 | 22 | 23 | 24 | 25 | 26 | 27 |
| 28 | 29 | 30 | 31 | | | |

## TUS CONCLUSIONES

## Conclusiones

No somos conscientes de la cantidad de cosas que dejamos pasar y que no apreciamos. Y lo que se va no vuelve. No nos lo ponen fácil, pero de nosotros depende aprender a priorizar y a saborear cada instante. Podemos elegir el modo de enfrentarnos al presente, como víctimas o como responsables. Detenernos a pensar y a observar lo que llevamos dentro y lo que nos rodea es un paso necesario para valorar la vida. Aprende a relajarte y a dar las gracias por lo que tienes. No eches balones fuera y siéntete artífice de lo que has logrado. Porque el único responsable de eliminar lo que te hace daño eres tú.

## ¿Has superado el reto?

*Tacha el icono que corresponda*

# RETO 12
# Aprende a relacionarte con los demás

***Una de las principales características del ser humano es su capacidad de relacionarse con los demás. No solo nos gusta vivir en comunidad, sino que, además, necesitamos hacerlo.***

El psicoterapeuta alemán Bert Hellinger, experto en constelaciones familiares y terapias sistémicas, señala que todos nosotros formamos parte de distintos sistemas o grupos. El primero es uno mismo, y a partir de ahí están la familia (la de origen y la que cada cual crea), los amigos, el trabajo, la comunidad de vecinos, la religión, etc. De hecho, podemos afirmar que formamos parte de una inmensa red interrelacionada.

Por desgracia, en ocasiones la relación con los demás no es lo satisfactoria que desearíamos, e incluso puede volverse dañina. Si sientes que no conectas como quisieras con los demás, si te parece que eres incapaz de decir «NO» a las exigencias de otros, si cualquier conversación se convierte en una discusión o si recelas y desconfías de los ofrecimientos de tu entorno más cercano, te propongo que trabajes conmigo el siguiente reto.

*El objetivo es conseguir unas relaciones sanas y gratificantes que te permitan vivir con plenitud cada instante con los demás.*

En primer lugar, deberás averiguar cuál es tu manera de relacionarte en los grupos de los que formas parte. Es importante saber qué papel desempeñas en ellos y si este es el que te corresponde. Por ejemplo, si te das cuenta de que tu rol en tu familia de origen es el de madre de tus padres, lo más seguro es que sientas un enorme desgaste y cansancio que afectarán a otras relaciones. Porque la energía que transmitimos a los demás y la que recibimos condiciona en gran medida el tipo de relaciones que mantenemos. Ese fluir de energía en una doble dirección es lo que hace que unas relaciones nos compensen más que otras, por lo que lo normal es tender al equilibrio. La única excepción es la relación padres-hijos, pues en ese caso los padres son siempre los que dan a sus hijos.

De hecho, muchos de los conflictos que surgen con los progenitores

*nacen del deseo de estos de recibir alguna compensación por lo que dan*

O PORQUE LOS HIJOS SE SIENTEN CULPABLES POR NO PODER DEVOLVER LO QUE RECIBIERON

PASO 1

FECHA:

# CÓMO Y CON QUIÉN TE RELACIONAS

| GRUPO DEL QUE FORMAS PARTE | LUGAR QUE OCUPAS | PAPEL QUE EJERCES |
|---|---|---|
| | | |
| | | |
| | | |
| | | |
| | | |
| | | |
| | | |
| | | |
| | | |
| | | |
| | | |
| | | |
| | | |
| | | |

## TUS CONCLUSIONES

Con este paso has realizado una fotografía general de cómo es tu relación en el interior de los grupos o sistemas más importantes de tu vida, y esto te permitirá averiguar dónde está el origen del conflicto o de la insatisfacción.

No podemos olvidar que no somos adivinos. En ocasiones damos por sentado que los demás conocen nuestras necesidades y nos olvidamos de algo fundamental, que es DAR y PEDIR. Todas las relaciones se basan en un intercambio y, aunque te parezca egoísta, la verdad es que todos damos y recibimos, en muchas ocasiones de forma inconsciente. Por ejemplo, en una pareja, cada miembro da al otro lo que a cada cual le falta y, por supuesto, para que sea una relación sana, este dar y recibir deberá estar equilibrado. Por eso es fundamental saber pedir lo que necesitamos. Uno de los conflictos más habituales de la convivencia en pareja (aunque no solo en pareja) tiene su origen precisamente en esto. Debemos aprender a pedir desde un beso o un abrazo hasta que nos ayuden a recoger la mesa o a poner el lavavajillas.

En el siguiente ejercicio te propongo que te preguntes qué es lo que necesitas de tu pareja y qué recibes de ella. De ese modo sabrás si tu relación está equilibrada o si hay desajustes que la están dañando.

PASO 2

FECHA:

# DAR Y RECIBIR

*¿Qué necesitas de tu pareja?*

*¿Qué recibes de él o de ella?*

*¿Qué necesitas pedirle?*

*¿Puedes hacerlo?*

TUS CONCLUSIONES

Este ejercicio es igualmente válido para cualquiera de los sistemas a los que pertenezcas (trabajo, amistades, familiares, etcétera), incluso el que formas contigo mismo. Recuerda que la acción de pedir no solo es un derecho, sino también una obligación. Y el modo en que lo hagamos determinará el éxito de nuestras relaciones con los demás.

En este sentido es importante trabajar la ASERTIVIDAD.

*El Diccionario de la Real Academia la define así: «Estrategia comunicativa que se ubica en medio de dos conductas: permisividad y agresividad». Es decir, la persona asertiva logra establecer un vínculo comunicativo sin agredir a su interlocutor y sin quedar sometida a su voluntad.*

Nos comunicamos con los demás de tres maneras posibles: pasiva, asertiva y agresiva. La persona pasiva no expresa ni sus necesidades ni sus deseos, con lo que todo el poder lo tiene su interlocutor. El ser pasivo no es directo, tiene una baja autoestima y apenas confía en sí mismo, por lo que nunca logra sus objetivos. En el otro extremo está la persona agresiva, que impone sus deseos, no escucha a su interlocutor y utiliza amenazas para salirse siempre con la suya. En el medio se encuentra la mejor manera de relacionarse: la asertiva, que consiste en dar la propia opinión, pero sin amenazar ni coaccionar a los demás. Una persona asertiva sabe encajar las críticas y se muestra segura de sí misma.

En el siguiente paso te propongo que averigües cuál es tu forma de relacionarte con los demás y si te consideras una persona pasiva, asertiva o agresiva.

PASO 3

FECHA:

# PON EN PRÁCTICA TU ASERTIVIDAD

RECUERDA

Persona pasiva:

No expresa deseos ni necesidades. No es directa, no consigue objetivos. Baja autoestima y escasa confianza en sí misma.

Persona asertiva:

Emite opiniones respetando las de los demás. Sabe encajar las críticas y se muestra corporalmente segura de sí misma. Se expresa con claridad sin imponerse a su interlocutor.

Persona agresiva:

Impone sus deseos. No escucha. Utiliza amenazas para conseguir sus objetivos. Solo persigue sus propios intereses.

*¿Eres una persona pasiva, asertiva o agresiva?*

*¿Qué beneficios obtienes con tu forma de comunicarte con los demás?*

*¿En qué te perjudica?*

*¿Qué quieres cambiar?*

## TUS CONCLUSIONES

Si te consideras una persona pasiva, te sugiero que comiences por trabajar tu confianza y tu seguridad (reto 9). Debes aprender a aceptarte.

Si te consideras una persona agresiva, comienza con los pasos del reto 1, «Gestiona tu enfado», y del reto 2, «Afronta tu miedo». De hecho, en muchas ocasiones la agresividad es producto del miedo, una especie de escudo con el que nos protegemos cuando nos sentimos atacados.

***La manera asertiva es la que más beneficios genera, por lo que deberás comenzar a practicarla. Pronto verás que tus relaciones se vuelven más fluidas y satisfactorias.***

A continuación expongo los que considero «derechos asertivos» fundamentales. Te propongo que marques los que te resultan más difíciles de cumplir.

- ✓ Derecho a tener y a expresar los propios sentimientos y opiniones.

- Derecho a ser escuchado y tomado en serio.
- Derecho a juzgar las propias necesidades, a establecer prioridades y a tomar decisiones.
- Derecho a decir «NO» sin sentirse culpable.
- Derecho a pedir lo que se quiere, asumiendo que el interlocutor también tiene derecho a decir «NO».
- Derecho a pedir información y a ser informado.

De todos ellos, los más difíciles de lograr son el derecho a expresar los propios sentimientos y opiniones, el derecho a decir «NO» y el derecho a recibir un «NO» como respuesta.

Es muy habitual no expresar lo que sentimos o hacerlo desde el papel de víctima, es decir, culpando siempre al otro. Esto solo consigue que el interlocutor se ponga a la defensiva, porque a fin de cuentas se está sintiendo atacado, con lo que es bastante probable que la conversación acabe en una discusión.

Por eso te propongo que mires hacia dentro y observes cómo te sientes. Debes aprender a hablar de tus emociones sin culpar al que tienes enfrente. Cambia el «Tú me haces sentir...» por «Ante esta situación yo me siento...». Te darás cuenta de que la persona que tienes delante te escuchará con atención y no se colocará a la defensiva. Ni mucho menos se trata de que sienta lo mismo que tú, sino de que respete lo que sientes.

En cuanto a la dificultad de decir «NO», en ocasiones nos parece que hacerlo supone defraudar a los demás, una forma de decepcionarles o de no estar a la altura de lo que se nos pide. Y muchas veces cuando recibimos un «NO» lo interpretamos como si nos rechazaran o nos excluyeran.

*¿QUÉ CONCEPTO TIENES DEL «NO»?*

- *Dar un «NO» significa...*

- *Recibir un «NO» significa...*

Si tu respuesta a estas dos preguntas es negativa, te aconsejo que recuerdes que no eres omnipotente. Trabaja tu humildad y asume que tienes derecho a decir «NO», del mismo modo que los demás también lo tienen.

En resumen, ha llegado el momento de ser ASERTIVO, y para ello es importante que todos los días te digas:

SOY UNA PERSONA ASERTIVA QUE TIENE DERECHO A ...

Trabaja tu asertividad y ve apuntando los avances en un calendario.

| L | M | X | J | V | S | D |
|---|---|---|---|---|---|---|
| | | | | | | 1 |
| 2 | 3 | 4 | 5 | 6 | 7 | 8 |
| 9 | 10 | 11 | 12 | 13 | 14 | 15 |
| 16 | 17 | 18 | 19 | 20 | 21 | 22 |
| 23 | 24 | 25 | 26 | 27 | 28 | 29 |
| 30 | 31 | | | | | |

## TUS CONCLUSIONES

De la mano de la asertividad va otro aspecto fundamental para mantener relaciones satisfactorias con los demás: la EMPATÍA, una destreza básica para la comunicación interpersonal que permite el entendimiento sólido entre dos personas. La empatía consiste en comprender y apreciar los sentimientos de los demás, aunque no coincidan con los que uno siente.

***Mahatma Gandhi decía: «Tres cuartas partes de las miserias y de los malentendidos en el mundo acabarían si las personas se pusieran en los zapatos de sus adversarios y entendieran sus puntos de vista».***

PASO 4

FECHA:

# TRABAJA TU EMPATÍA

Es importante que sigas estos dos consejos:

- Escucha con atención a la persona que está hablando contigo. Mírale a los ojos y observa su gestualidad, pues te proporcionará una información muy valiosa. Actúa ante él como si fueras un espejo, es decir, adopta una postura similar a la suya. De este modo, los dos os sentiréis escuchados.

- Deja a un lado tu manera particular de ver las cosas y ponte en el lugar de tu interlocutor. Tienes que averiguar qué piensa, qué siente, cuál es su entorno, cuáles son sus miedos y necesidades. Podrás estar de acuerdo con su opinión o no, pero comprenderás su punto de vista. De alguna manera, te habrás puesto sus zapatos y andarás con ellos.

Una vez trabajada la empatía con los demás, contesta a estas preguntas:

*¿Qué beneficios he obtenido trabajando la empatía?*

*¿De qué manera ha mejorado tu relación con los demás?*

## TUS CONCLUSIONES

## Conclusiones

Necesitamos relacionarnos con los demás porque somos seres sociales que buscan el contacto entre sí. Por desgracia, a veces nuestras relaciones no son sanas o nos sentimos frustrados al no recibir de ellas lo que querríamos. Puede que el ritmo de vida vertiginoso que llevamos nos impida escuchar y entender a la persona que tenemos delante para conectar de verdad con ella sin sometimientos, culpas o rechazos.

No hay una fórmula mágica para mejorar nuestra relación con los demás, aunque un primer paso es averiguar qué papel desempeñamos en nuestros diferentes «sistemas» de interrelación. Asimismo es fundamental trabajar la empatía, la escucha atenta y la asertividad a la hora de dar nuestras opiniones. Cada uno es responsable de su habilidad comunicativa, por lo que está en nuestras manos hacer que nuestras relaciones con los demás sean fructíferas y gratificantes.

## ¿Has superado el reto?

*Tacha el icono que corresponda*

# EPÍLOGO

*Sí, tú puedes* está escrito desde la experiencia que me ha dado trabajar, en los últimos años, con cada una de las personas que se han acercado a mí para cambiar algo de sus vidas. A ellas, como a ti, lector, siempre les digo que lo más importante es darse cuenta de que hay algo en nosotros que debemos cambiar. Muchas veces no se sabe qué es, pero sentimos que existe una fuerza que nos impide avanzar, que no nos deja disfrutar de las pequeñas cosas, que nos introduce en una espiral de negatividad de la que es difícil salir. En el momento en el que detectamos que hay algo, aunque no sepamos ponerle nombre, hemos dado el paso más importante.

***Quiero que tengas claro que no se trata de buscar la perfección. Ya te dije que yo, por ejemplo, hace tiempo que dejé de creer. Lo más maravilloso es llegar a encontrar la explicación a nuestra forma de ser, de pensar y de actuar.***

Que de alguna manera seamos conscientes de que hay piezas que no se pueden encajar, por mucho que nos obliguen a hacerlo. Así que quiero utilizar estas líneas para gritar abiertamente: «¡Bendita imperfección!». Y bendita desde mi reconocimiento y aceptación:

- Porque a pesar de ello me quiero y me valoro.
- Porque soy capaz de trabajar el malhumor que me causa intentar ser lo que nunca lograré.
- Porque entiendo que superar la apatía y los malos momentos solo depende de mí.
- Porque existe el miedo, y soy capaz de darle las gracias, pero no le doy el poder necesario para que me bloquee.
- Porque al quererme y respetarme soy capaz de relacionarme mejor con las personas que hay a mi alrededor.

*Sí, tú puedes* te coloca a ti como auténtico protagonista. Tú eres el que decides qué necesitas y qué quieres hacer con tu vida. Si deseas resignarte a lo que hay y a lo que sientes, o decides vivir el presente. Si quieres presentarte ante los demás como víctima o como protagonista. Yo sé que eres un ser maravilloso, ahora solo tú debes reconocerlo. Porque en muchas ocasiones valoramos más lo que hay fuera que lo que somos y tenemos. Creemos que solo conseguimos superar un reto si viene de la mano del sacrificio y del dolor. Y no siempre es así. Las personas que nos rodean, en muchas ocasiones, nos ven como auténticos ganadores. Ahora te toca a ti reconocer tus propios méritos.

Ya te dije al comenzar el libro que la vida es un auténtico reto. Hay veces que los cambios importantes nos vienen impuestos. En otras ocasiones dependen de nuestra propia elección. Pero si te fijas y echas la vista atrás los grandes retos de tu vida los has conseguido de manera inconsciente. El primero de ellos es el gran reto de vivir. No nos dieron siquiera la oportunidad de elegirlo. Simplemente vinimos al mundo desde el amor y la ilusión de nuestros padres. Sin recursos, sobreviviendo y creciendo gracias al apoyo, cariño y cuidado de nuestros progenitores. Eso en el mejor de los casos, porque también hay quien desde el mismo momento en el que vino al mundo decide luchar y vivir. Y es él el auténtico protagonista. Sin su fuerza no hubiera sido posible.

***Así pues te pido que busques esa fuerza que tienes, aunque ahora no la reconozcas, y cambies el papel de víctima por el de protagonista. Solo tú puedes decidir cómo quieres seguir escribiendo el guion de tu vida.***

Antes de despedirme y darte las gracias por tener este ejemplar en tus manos, quiero que este libro valga como sincero homenaje a cada una de las personas que son auténticas heroínas y para las que su día a día es un gran reto. A todos aquellos que decidieron no tirar la toalla, y que con esfuerzo y trabajo siguen adelante día a día. Porque muchos de ellos han escrito su propio *Sí, tú puedes,* guiados simplemente por su deseo de vivir, y lo más importante, dejar vivir. Y en especial a todos esos niños para los que la vida es un auténtico reto, que sin elegirlo tienen que luchar todos los días y no por ello dejan de sonreír. Solo ellos son capaces de hacer que toda la familia reme en el mismo sentido.

Así que no me puedo olvidar de dos luchadoras,
Patricia y Jimena,

*porque si hay algo que no podéis olvidar es que*

NADA NI NADIE PODRÁN CON VOSOTRAS

Esta guía
pertenece a:

____________________

____________________

que va a alcanzar los
objetivos que se propone.

☆ ☆ ☆